KB231127

심리상담의 이해와
대상중심 가족치료의 실제

심리상담의 이해와
대상중심 가족치료의 실제

초판 1쇄 인쇄	2014년 08월 04일		
초판 1쇄 발행	2014년 08월 11일		

지은이	임 향 빈		
펴낸이	손 형 국		
펴낸곳	(주)북랩		
편집인	선일영	편집	이소현, 이윤채, 김아름
디자인	이현수, 신혜림, 김루리	제작	박기성, 황동현, 구성우
마케팅	김회란, 이희정		

출판등록　2004. 12. 1(제2012-000051호)
주소　　　서울시 금천구 가산디지털 1로 168, 우림라이온스밸리 B동 B113, 114호
홈페이지　www.book.co.kr
전화번호　(02)2026-5777　　　　　　　팩스　　(02)2026-5747

ISBN　　979-11-5585-298-9 13180(종이책)　979-11-5585-299-6 15180(전자책)

이 도서의 국립중앙도서관 출판예정도서목록(CIP)은 서지정보유통지원시스템 홈페이지(http://seoji.nl.go.kr)와
국가자료공동목록시스템(http://www.nl.go.kr/kolisnet)에서 이용하실 수 있습니다.
(CIP제어번호 : 2014021607)

대상중심 가족치료의 실제

임향빈 지음

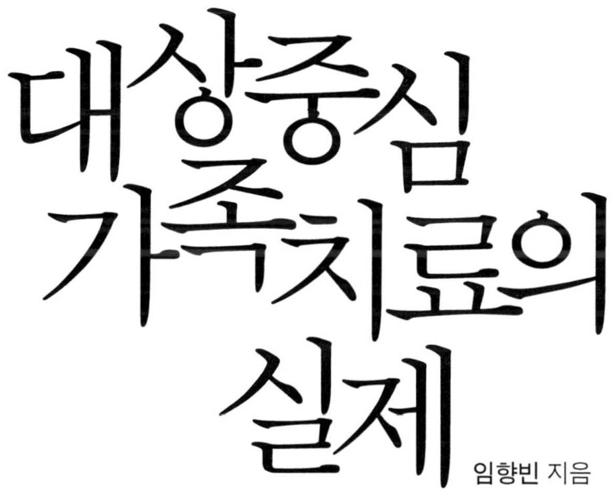

북랩 book Lab

　심리상담이 양적으로 증가하면서 상담에 대한 전문화에 따른 분화 현상이 나타나고 있다. 개인치료, 가족치료, 집단상담 등 주제를 중심으로 다양하게 나타나면서 심리적, 정신적 어려움으로 고통을 받고 있는 사람들의 삶의 질 향상을 위하여 노력하고 있다. 이론의 경향에도 다양성이 나타나고 있는데, 심리치료가 프로이트에 의해 이론화되고 시작된 이래 지금까지 많은 학파들과 입장들이 생겨나고 유지되어왔다. 개인치료로 분류되는 이론들은 크게 네 방향에서 발달의 역사를 가지고 있다. 전통적으로 프로이트의 입장에 많은 근거를 두고 치료를 하는 정신분석, 환경과 자극이라는 입장에서 치료를 하는 행동주의, 인간의 가치를 최대한 존중하고 받아들이는 입장에서 치료를 하고 있는 인본주의 그리고 인간성, 정체성, 자기실현 등에 중심을 두는 초월심리이다. 이와 함께 가족치료 역시 정신분석적 가족치료, 경험적 가족치료, 구조적 가족치료, 인지행동적 가족치료, 전략적 가족치료, 해결중심적 가족치료 등 다양한 이론과 기법들이 나타나고 있다. 상담사는 상담 전에 어떠한 상담기법과 이론을 적용하든 간에 근본적으로 갖추어야 할 이론적 배경과 이를 적용할 줄 아는 방법론적 근거를 통해 내담자의 긍정적 변화를 이끌어 내야 한다. 또한 상담사는 기본적 자질을 갖추어야 하는데 이는 상담과정에서 일어나는 전이와 역전이, 의존성 때문이다.

한국사회에서는 심리상담과 가족치료에 대한 인식은 물론이고 그 중요성이 점차로 부각되고 있으며, 이를 나타내듯이 심리상담, 가족치료, 상담서비스를 제공하는 연구소나 학회들이 점차 늘어나고 있다. 이와 더불어 상담전문가와 상담에 관심이 있거나 배우고자 하는 사람들의 증가는 그만큼 심리치료나 가족치료를 원하는 사람이 많다는 것을 의미한다. 그러나 현재 400개 이상의 심리치료 유형과 상담연구소의 지속적 증가 그리고 다양한 상담자격증은 상담을 배우고자 하는 초심자들의 입장에서는 어떻게 해야 상담의 전문성을 습득하는지 혼란을 가중시키고 있다.

이 책은 1부와 2부로 나누어져 있으며, 1부에서는 심리상담의 이해에 관해서 다루고 있으며, 2부에서는 대상중심 가족치료의 실제를 다루고 있다. 1부 구성은 1장 상담의 이해, 2장 상담심리학의 흐름, 3장 심리상담의 이론적 모델, 4장 심리상담의 원리, 5장 심리상담의 관찰,

6장 심리성향 사정, 7장 심리검사로 구성되어 있다. 2부 구성은 1. 사례개요 2. 회기별 접근 3. 상담의 결과 4. 상담에 대한 논의 및 의의로 구성되어있다. 2부는 필자의 임상경험 중 가족상담을 배우고자 하는 후학들에게 도움이 되고자 기술하였다. 전체 상담회기를 요약하였으며, 한 회기는 축어록으로 게재하였다. 또한 회기 마다 상담사의 개입과정과 내담자의 변화과정을 보게 될 것이며, 상담의 시작부터 종결까지의 과정에 관하여 이해를 돕고자 하였다.

끝으로 자신의 사례내용이 학술연구 및 도서출판이 되어 가족치료에 도움이 되기를 희망하는 내담자에게 감사를 드린다. 이와 함께 이 책이 상담에 관심이 있거나 이를 전공하고자 하는 후학 그리고 상담 관련 분야의 종사자들에게 좋은 상담사가 되는데 도움이 될 수 있기를 바란다. 특히 상담현장에서 상담이론을 적용하면서 단기간의 상담을 모색하고 있는 상담사들에게 실질적인 도움이 되기를 바라며, 더 나아가 대상중심 이론적 접근의 단기화와 대상중심 가족치료의 발전에 기여할 수 있기를 바란다.

차 례

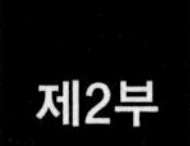

대상중심 가족치료의 실제

제1부 심리상담의 이해

상담의 이해

1. 상담의 이론과 기법

현재 존재하는 상담이나 심리치료 이론들은 약 250여 개에 이르는 것으로 파악된다. 각각의 이론들은 인간에 대한 기본적인 관점, 심리적 문제의 발생과정, 심리적 문제의 해결방법, 상담사와 내담자의 역할과 기능 등에서 상이한 견해를 지닌다. 전문적 상담사들은 각자 자신의 취향과 믿음에 따라 특정한 한두 가지 상담이론에 근거하여 상담을 진행하고 있으며, 최근에는 단일한 상담이론에 근거하기 보다는 절충주의적 입장에서 상담을 진행하는 사람들이 늘어나는 추세이다(이장호 외, 2008: 17). 또한 마이어와 데이비스는 『상담의 기본요소』에서 상담의 접근방식에 관하여 논하면서 현재 사용되고 있는 상담방식(정신분석, 행동, 합리적-정서적 행동 접근방식 등)의 종류가 400가지 이상 된다고 하였다. 이와 함께 상담사들은 어떤 한 가지 접근 방식보다는 통합적이나 절충적 상담을 하고 있으며, 현대의 많은 상담사들은 자신의 방식을 통합적이고, 절충적이라고 하였다. 이들은 다양한 접근방식을 훈

런받았기 때문에, 절충적 상담자들은 내담자들의 개인적 욕구에 근거하여 어떤 접근방식을 합리적이며 직관적으로 선택한다고 하였다(Meier & Davis, 1997, 노안영 역, 2004: 15). 이와 같이 심리상담 유형들의 수가 증가하는 것과 함께 자신을 절충주의자로 자처하는 상담사들의 수도 증가하고 있다. 초심자의 수련과정에는 하나의 입장을 우선적으로 배우고 실습하게 되지만 어떤 시점에 가면 사람들은 심리상담에 대한 그들의 견해를 넓혀가고, 다른 입장에서 나온 기법이나 절차도 사용하기를 원하게 된다. 상담사들은 절충적 접근을 사용하는 데에는 여러 가지 이유가 있을 수 있으나 대다수의 상담사는 자신의 상담 효율성을 높이기 위해서 절충주의를 선택한다.

절충적 임상심리학자는 어떤 이론이나 방법이든지 각 내담자에게 가장 적절해 보이는 이론이나 방법을 사용하는 치료자로 정의된다. 따라서 절충적 치료자들은 자신이 고수하고 있는 특정한 이론적 입장에 따라 치료절차를 결정하는 대신에 내담자와 그 내담자의 문제에 따라 치료절차를 선택한다(Garfield, 1998, 권석만 외 역, 2006: 42). 현재 존재하는 다양한 상담이론과 기법들은 임상경험을 통하여 검증되었기에 그 효과성이 인정되지만 상담을 배우고자 하는 초심자의 경우 어떻게 접근해야 전문상담사로써 성장할 수 있는가에 대한 혼란과 당면과제에 접하게 된다. 따라서 초심자는 관심 있는 영역의 학회나 세미나 등에 참석하여 변화하는 흐름과 새로운 이론들을 배우는 등 자기계발과 훈련을 지속적으로 하여야 한다. 필자는 이러한 이유는 사례마다 적용기법이 다르고 문제도 달리 나타나고 있으며, 단일적으로 완벽한 이론은 없다고 생각하기 때문이다. 또한 대다수의 상담사들이 한 가지 이론만을 가지고 상담하기보다는 다양한 이론을 활용하기 때문이다. 이와 함께 상담사는 자질을 갖추어야 한다. 이는 상담 장면에서 경험되는 전이와 역전이 그리고 내담자의 의존성 때문이다.

2. 상담사의 자질

상담사는 인간적 자질과 전문적 자질을 갖추어야 한다. 인간적 자질이란 상담사로서 갖추어야 할 사람됨의 특징을 의미하며, 내담자와의 진정한 인간관계 형성과 내담자에게 영향을 미칠 수 있는 인성적 특성을 의미한다. 전문적 자질이란 상담활동을 수행하는데 요구되는 전문적 지식과 기술을 갖추었는지의 여부를 의미한다.

1) 인간적 자질

상담사가 갖추어야 할 인간적 자질은 다음과 같다. 인간에 대한 깊은 관심, 진실성, 심리적 안정감, 온화함, 지적능력, 자기인식, 타인 수용, 열린 마음, 공감, 지지, 격려, 존중, 객관성 등이다. 이러한 개인적 자질을 중요시 여기는 것은 상담에서 내담자들은 상담사의 행동을 모방하고 상담사의 어떤 신념과 태도를 자신의 것으로 동일시하는 것과 전이현상이 일어나기 때문이다. 따라서 상담사는 내담자의 본보기가 되는 것이 필요하다.

2) 전문적 자질

상담사의 전문적 자질은 다음과 같다. 상담의 이론에 대한 이해와 상담을 효율적으로 진행하는 방법과 절차에 관한 이해 그리고 상담을 하면서 고려해야 할 여러 가지 사항들에 관한 실습과정이다. 따라서 체계적인 교육을 받고 예방적이고 치료적인 수준에서 인간을 조력할 수 있는 능력을 갖추어야 한다. 이러한 전문적 자질은 상담이론에 관한 지식, 실습경험과 훈련, 자격을 갖춘 슈퍼바이저의 지도 등을 통해 습득된다.

3. 상담사 훈련

상담사는 효과적으로 내담자를 조력하기 위해 계속적인 훈련을 받아야 한다. 상담에서 슈퍼비전은 경험이 많은 선배 상담사로부터 지식과 경험을 전수받는 것이다. 이를 통해 상담사는 자기자각을 향상시키고, 전문적인 상담기술이나 기법을 습득하게 된다. 또한 상담과정에 대한 이해의 폭을 확장하여 내담자의 건강한 삶을 위한 기술적 지식을 획득하게 된다.

이와 함께 상담에서의 기법사용은 상담사의 이론적 모형과 밀접한 관련이 있다. 상담사는 어떤 기법이나 절차나 개입을 사용할 것이며, 특정 개입을 사용하는 근거를 갖고 있어야 하며, 그 기법의 적합한 사용에 관해 훈련을 받아야 한다(Corey et al, 2007, 서경현, 정성진 역, 2008: 442). 상담 장면에서 내담자는 원시적 전이가 형성되고 이러한 전이현

상은 저항이라는 방어기제를 통해 나타난다. 원시적 전이는 다수의
모순된 자아상의 이미지에 근거를 두고 혼란스럽고 다양한 방어형태
로 구성된다. 따라서 상담사는 중용을 지켜야하며 불손한 행동으로
상담을 방해하는 현실왜곡과 위협적인 태도를 취해서는 안 된다(임종
렬, 김순천, 2001: 73).

상담심리학의 흐름

심리치료가 프로이트(Freud)에 의해 이론화되고 시작된 이래 지금까지 많은 학파들과 입장들이 생겨나고 유지되어 왔다. 개인치료로 분류되는 이론들은 크게 네 방향에서 발달의 역사를 가지고 있다. 전통적으로 프로이트의 입장에 많은 근거를 두고 치료를 하는 분석 전통, 환경과 자극이라는 입장에서 치료를 하는 행동주의 전통과 인간의 가치를 최대한 존중하고 받아들이는 입장에서 치료를 하고 있는 인본주의 전통 그리고 인간성, 정체성, 자기실현 등에 중심을 두는 자기초월 전통이다.

이러한 이론들은 각자 발달해오고 있는데 분석 전통은 주로 물리생물학적 철학의 역사적 맥락에서 발전을 하고 있고, 행동주의 전통은 자극과 반응이라는 철학의 역사적 맥락에서, 그리고 인본주의 전통은 현상학과 실존주의 철학의 역사적 맥락에서 발전해 오고 있다(김용태, 2009: 21). 이와 함께 1960년대 후반부터는 초월심리학이 나타나게 되었으며, 이는 인본주의를 창시한 매슬로우에 의해서 출발의 계기가 되었다고 볼 수 있으며, 켄 윌버(Ken Wilber)는 초월심리학에 크게 영향을 미쳤다.

1. 제1세력: 정신분석학파

정신분석학파는 프로이트(Sigmund Freud, 1856-1939), 에릭슨(Erick Erikson, 1902-1994), 융(Carl gustav Jung, 1875-1961), 아들러(Alfred Adler, 1870- 1939), 안나 프로이트(Anna Freud, 1895-1982) 등이 대표된다. 무의식을 인정하며, 무의식에 의한 의식세계의 지배를 주장한다. 정신분석학은 무의식의 중요성을 인정한 최초의 심리학파로 인간의 성격을 구성하는 세 가지의 요소 즉 원욕(id), 자아(ego), 초자아(superego)가 적절한 균형을 유지하는 것이 중요하다는 것을 강조한다. 여기서 원욕은 성본능을 포함하는 각종 본능적 에너지의 저장소이며 자아는 현실원리에 따라 기능하는 의식차원이지만 초자아는 도덕과 윤리차원에서 양심으로 내면화된 것이다.(권육상, 2006: 138-141; 김춘경 외, 2010: 63; 이장호 외, 2008: 68-70; 임종렬, 2001: 23). 정신분석학에서는 초기의 인생경험은 무의식에 저장되어 있으며 이후의 행동과 삶의 양식에 영향을 미치기 때문에 무의식을 이해하는 것이 현재의 행동과 삶의 문제를 해결하는 열쇠가 된다는 내용을 핵심으로 하는 이론이다.

정신역동 관점에서 프로이트(Freud)는 내담자의 문제를 인생초기의 경험에서 비롯된다고 보았으며, 과거의 억압된 무의식에 잠재되어있는 갈등의 경험을 이해하는 것이 중요하다고 하였다. 내담자가 겪고 있는 정신적인 문제를 이해하고 해결하기 위해서는 유년기의 미해결과제를 치유해야하는 것이 중요하다고 보았다. 한편 융(Jung)은 인간정신의 구조와 정신역동을 설명하면서 프로이트의 성욕과 정신생물학적인 결정론에 반대하였다. 그는 프로이트가 리비도를 성적으로 정의한 것을 받아들이지 못하고, 리비도를 창조적인 생명력이라고 개념화하였다. 이와 함께 융의 내향성 외향성(introversion-extroversion)은 성격을 구체적인 특질(traits)로 조명하여 성격에 대한 이해를 확대하였다(권육상, 2006: 177). 융은 내담자의 문제는 정신적인 내적 갈등에서 비롯되며, 내담자가 정신적 고통을 해결하기 위해서는 끊임없는 정신에 대한 자기 분석이 필요하다고 보았다. 아들러(Adler)는 내담자의 문제는 인생초기에 형성한 생활양식에서 비롯된다고 보았으며, 내담자가 가진 긍정적인 자질을 개발하고 뚜렷한 목표의식과 노력을 통해 새로운 방향으로 자신을 변화될 수 있다고 보았다. 또한 의식과 무의식, 마음과 육체, 접근과 회피, 양가감정과 갈등의 양극성의 개념이 개인의 주관적인 경험으로서만 의미가 있다고 보고, 개인의 성격은 통일성과 자기 일관성을 전제로 한 자아가 일치된 통합된 성격구조를 이룬다고 하였다(김춘경, 2010: 65). 현대 정신분석학 이론들은 사회사업분야의 사례연구와 오늘날 시행되는 거의 모든 형태의 정신치료(가족치료, 부부치료, 인지·행동치료, 게슈탈트치료, 단기역동치료)에 영향을 미쳤다(Mitchell & Margaret, 1996, 이재훈, 이해리 역, 2002: 18).

2. 제2세력: 행동주의 심리학파

행동주의 심리학파는 러시아의 뇌생리학자인 파블로프(Ivan Pavlov, 1849-1939), 미국의 심리학자인 왓슨(John Watson, 1878-1958), 쏜다이크

(Edward L. Thorndike, 1874-1949), 스키너(Burrhus F. Skinner, 1904-1990) 등이다. 행동주의는 20세기 초 우세했던 정신역동이론과 뜻을 달리하여 형성된 학습이론의 한 분야로써 교육과 상담분야 등 여러 분야에 널리 활용되었으며 지지받아왔다. 행동주의에서는 특정한 행동을 이끌어 내고, 유지시키고, 제거하는 환경적 반응이나 사건 사이의 상호작용과 관계를 중요시 여긴다. 이와 같이 인간은 그들의 반응과 미래행동을 형성하고 결정하는 환경에 의해 직접적으로 영향을 받는다.

행동주의에서 인간은 중립적인 존재로 내적 충동이나 욕구를 부여받은 것이 아니고 기질이나 성격을 통해 특정반응을 하는 것도 아니라, 환경과의 상호작용을 통해 행동을 배우고 살아가는데 필요한 기술과 능력을 학습해 나간다. Ross(1976)는 행동의 원인을 개념화하면서 인간의 행동은 오랜 기간의 유전적·기질적 요인, 과거의 학습역사, 현재의 생리적 상태, 현재의 환경적 요인에 의해 결정된다고 하였다. 행동변화를 위하여 앞의 세 가지는 조작하기 어렵지만, 현재 개인의 환경은 조작적 조건형성의 원리에 입각하여 변화시킬 수 있다(김춘경 외, 2010: 72-73). 스키너(Skinner)는 어떤 행동의 양상이 유전적 소질에 의한 것이라고 해도, 이것이 행동의 예측에는 유용할지 모르나, 조작이 불가능하므로 실험적 분석이나 통제에는 무가치하기 때문에 유전적인 설명은 쓸모없다고 주장하였다. 성격발달에 관한 스키너의 치료는 부분적 또는 연속적 강화 계획에 의해 일어나는 점진적인 행동수정을 강조한다(권육상, 2006: 188). 행동주의 심리학에서 스키너는 내담자의 문제를 잘못된 학습에서 비롯된 습관으로 보았다. 따라서 내담자가 원하는 행동을 형성하기 위해서는 그가 원하는 반응을 강화시켜주어야 한다고 하였다. 상담사는 내담자에게 문제가 되는 구체적인 행동을 파악하고 조작적 조건 형성 절차를 적용하여 그의 부적절한 행동을 교정할 수 있다고 보았다. 파블로프(Pavlov)는 개는 먹이의 모습이나 실험자의 발자국 소리만 들어도 타액을 흘릴 수 있다는 것을 발견하였다. 그는 먹이에 의해 인출되는 타액분비를 무조건 반응이라 하였으며, 반면에 음조에 대하여 타액을 분비하는 것은 훈련의 결과이기 때문에 조건반응이라고 하였다. 그리고 무조건 반응과 조건 반응을 증가시키게 되는 전체의 과정을 고전적 조건형성과정이라고 하였다. 특히 개가 종소리만 듣고도 침을 흘리는 실험을 한 파블로프는 처음으로 조건형성이론을 제기한 것으로 유명하다. 이 심리학은 겉으로 드러나는 관찰 가능한 행동을 중심으로 연구한다는 특징이 있다.

조건형성이론 또는 자극-반응 연합이론으로 대표되는 행동주의 심리학은 모든 행동을 자극과 반응의 연합으로 설명하며 따라서 이 조건형성 상태를 조작함으로써 행동을 바꾸며 치료를 할 수 있다고 본다. 행동주의 심리학파들 중에서 가장 과학적 방법론을 강조하기에 정신현상이나 무의식의 세계 같은 것은 연구의 대상에서 제외된다. 최근에 와서 인지행동주의가 등장하면서 마음의 작용에 따른 행동의 형성이라는 측면이 인정되고 이에 따라 정통 행동주의도 변화되는 모습을 보이고 있지만 여전히 의식적인 차원에서의 인지적 기능에 초점을 두기 때문에 심층적 마음의 세계나 초월경험과 같은 현상은 무시되고 있다.

3. 제3세력: 인본주의 심리학파

인본주의 심리학파는 매슬로우(Abraham Maslow: 1908-1970)와 로저스(Carl R. Rogers: 1902-1988) 등이 대표된다. 정신분석학파와 행동주의학파에 대한 부정 및 대안을 제시하였으며, 인간존재의 독자성을 강조하는 접근기술로써 주관적 경험과 인간적 가치를 중시한다. 특히 인간의 심리적 성숙과 건강, 자아실현에 초점을 두고 있으며, 인본주의 심리학은 과거의 심리학 즉 정신분석학이 인간의 병든 측면을 강조하고 행동주의가 동물을 대상으로 실험한 결과를 인간에게 적용함으로써 기계적이고 동물적인 인간행동의 차원을 그렸다고 비판하면서 보다 건강하고 성장 가능한 긍정적인 측면에 초점을 두는 이론적 체계를 구축하였다.

매슬로우(Maslow)는 개인은 전체로 간주되어야하고, 인간의 본성은 본질적으로 선하며, 인간의 악하고 파괴적인 요소는 나쁜 환경으로부터 비롯된 것으로 보았다. 창조성이 인간의 잠재적인 본성으로서 성장, 자아실현, 건강에 대한 열망, 정체감과 자율성의 추구, 향상을 위한 노력 등이 보편적인 인간의 성향이라고 하였다. 자아실현의 욕구는 인간이 갖고 있는 잠재적인 능력을 개발하고자 하는 욕구를 말하는데 이것은 지식에 대한 욕구, 미지의 세계에 대한 탐구 및 지식에 대한 욕구, 진·선·미와 같은 절대가치를 추구하는 욕구들을 포함한다. 그러나 매슬로우는 말년에 자아실현의 욕구보다 한 단계 위에 새로이 자기초월의 욕구를 제시하였다. 이것은 후에 등장할 제4세력, 즉 초월심리학의 출현을 예견한 개념과 이론이라고 할 수 있다. 또 다른 인본주의 심리학의 대변자는 상담심리 및 심리치료의 대가인 로저스(Rogers)인데, 그는 모든 인간은 자기 자신에 대한 주관적인 인식과 자기를 둘러싼 세상에 대한 주관적인 인식에 따라 행동한다. 반면에 객관적인 현실은 우리의 행위를 결정하는 중요한 요인이 아니라 그 현실을 우리가 어떻게 보느냐에 따라 행동하게 된다고 하였다. 또한 로저스는 자신의 임상경험을 바탕으로 인간의 본성을 알아본 결과 인간은 근본적으로 합목적적이고 전진적이며, 건설적이고 현실적이어서 신뢰할 수 있다고 하였다(권육상, 2006: 230- 231).

로저스는 비지시적 치료, 내담자중심 치료, 인간중심치료를 창시한 현대 심리치료 분야의 대표적인 학자인데 그의 이론의 핵심은 자아실현론이다. 그는 1940년대 당시 상담의 주된 세력이었던 정신분석의 진단적, 해석적, 지시적인 상담에 반대하고, 비지시적 상담을 표방하면서 새로운 상담 원리를 제시하였다. 또한 인간에 대해 부정적이고 파괴적인 관점이 아닌, 인간은 근본적으로 긍정적인 자기성장을 실현할 수 있는 능력을 가진다고 하였다. 그에게 있어서 가장 중요한 개념은 인간이 가진 자아실현 경향성인데, 그것을 발휘하도록 도와주는 것이 상담과 심리치료의 역할이라고 하였다. 자아실현의 의미는 인간이 최대의 성장과 발달을 이룩한 상태이며 잠재능력의 극대화인 것이다. 이렇듯 인본주의 심리학은 인간이 가진 고유한 성장 및 자아실현을 향한 잠재력을 중시하고 그것을 증진시키는 방향으로의 치료와 교육을 강조하였다. 이러한 논리들은 결국 잠재의식의 개발과 관련한 초월심리학의 이론적 기초가 되었다. 로저스는 내담자의 문제는 긍정적 자기존중의 욕구를 충족시키기 위한 노력으로 유기체의 자기조절인 가치화 과정에 어긋나게 가치를 조건화한데서 비롯되었다고 하였다. 따라서 내담자는 상담사로 하여금 일치성, 공감적 이해, 무조건적 긍정적 존중을 제공받는다면 충분히 변화될 수 있다고 보았다.

4. 제4세력: 초월심리학파

1960년대 후반에 초월심리학이 제4세력으로 새로이 등장하였으며, 이 심리학은 기존의 심리학 중에서 특히 제3세력인 인본주의를 창시한 매슬로우(Abraham Maslow: 1908-1970)에 의해서 출발의 계기가 되었다고 볼 수 있다. 매슬로우는 인본주의가 개인 차원의 성장과 개발에 대해서만 초점을 두는 한계가 있기 때문에 개인의 의식차원을 초월하는 영적이고 우주적인 경험과 심리현상들을 제대로 설명하지 못한다고 하면서 새로운 심리학, 즉 인간성, 정체성, 자기실현 등을 넘어서 우주에 중심을 두는 자기초월적이고 보다 고차원적 제 4심리학인 초월심리학(transpersonal psychology)을 주창하였다.

이러한 초월심리학의 초석을 다진 선구자들이 있었다. 그들 중 대표적인 사람은 윌리엄 제임스와 칼 융이다. 초월심리학은 개인의 행동과 의식을 초월하는, 우주적이며 신비적인 경험, 영혼과 신성한 경험, 명상과 같은 초월적인 정신수련을 통해 경험되는 고도의 정신현상과 초월의식의 세계, 자연과의 조화와 합일의 세계를 다루는 심리학이라고 할 수 있다. 또한 초월심리학은 심리학의 제4세력으로서 자리를 잡아 그동안 서양에서 잘 받아들이지 않던 동양적 마음의 개념, 초월적 정신현상 및 동양식 정신수련의 방법들(명상, 요가, 참선 등)을 받아들이고 그러한 현상들을 과학적인 방법으로 검증하고 실생활에서 응용하였다.

초월심리학에 큰 영향을 미친 윌버(Ken Wilber)는 동서양의 전승지혜와 신비사상을 근대의 철학, 심리학과 접목하고 모든 자아 의식수준을 망라하는 '스펙트럼 의식 심리학'을 창안하였으며, 트랜스퍼스널 심리학의 새로운 패러다임으로 제시하였다. 그는 『감각과 영혼의 만남』이라는 책자에서 종교와 과학의 통합의 필요성을 주장하고 다차원적이고 초월적인 각종 치료법들을 소개하고 있다. 문일경(2010: 13)은 윌버는 지식을 감각의 경험적 영역, 마음의 합리적 영역, 영성의 정관적 영역으로 나누고 있으며, 이들 영역은 각각 육체의 눈, 마음의 눈, 정관의 눈을 통해 관찰될 수 있다고 보았다. 그는 이러한 세 가지 눈은 서로 환원, 대체될 수 없는 것으로 이들 간의 범주오류를 피해야 함을 강조하였다. 또한 근대 이후의 과학이 지나치게 육체의 눈에 한정되어 왔음을 지적하면서 마음의 눈, 정관의 눈을 통해 보다 넓은 의미의 과학에 대한 관점을 제시하고 있다고 하였다.

심리상담의 이론적 모델

상담사의 인간에 관한 이해, 삶의 문제와 보는 관점, 병리관에 따라 인간의 문제해결을 위한 상담의 구조화인 목표, 상담과정, 방법들이 달라진다. 또한 상담이론은 각기 유용한 측면이 있기 때문에 어느 한 이론을 따른다고 다른 이론을 배제할 필요는 없다. 이는 다수의 상담사들이 상담 장면에서 주 이론을 중심으로 절충적 또는 통합적 상담방법을 선호하고 있기 때문이다. 이 장에서는 수많은 상담이론 중 정신역동, 대상중심, 심리사회발달, 개인심리학, 인간중심, 행동주의, 인지행동치료이론에 관해 살펴보고자 한다.

1. 정신역동 이론적 모델

Sigmund Freud

지그문트 프로이트(1856-1939)는 Moravia의 Freiberg에서 7남매 중 장남으로 태어나 Vienna에서 성장하였다. 그는 비엔나의대에 진학하여 신경계통을 전공하였다. 정신분석 이론의 창시자로 유명한 프로이트는 학자이자 사상가로서 심리학 및 정신의학, 인류학, 범죄학, 사회학 등 여러 분야에 큰 영향을 미쳤다. 1891년 빈에서 병원을 운영하면서 정신분석이론을 본격적으로 연구했으며, 이후 생의 마지막 순간까지도 정신분석과 관련한 연구를 멈추지 않고 최초의 정신분석학 저서인 『시초의 의사소통, 1895』, 『꿈의 해석, 1900』, 『정신분석 입문, 1917』 등 많은 저서를 남겼다.

정신분석에 관한 연구는 프로이트(Freud)가 히스테리의 심리적인 원인규명과 치료기법을 연구하면서 시작되었다. 프로이트는 역동적 정신구조모델에서 정신을 세 가지로 구분했는데, 먼저 자신의 욕망에 따라 행동하려고 하며 본능적이고 쾌락을 추구하는 상태인 원초아(id), 현실적으로 문제가 될 수 있는 행동이나 정신을 검열하고 현실적인 상황에 맞춰서 논리적으로 변화시키는 역할을 하는 자아(ego), 도덕적 행동지침으로 행동을 정제해 주는 초자아(superego) 등이다. 또한 프로이트는 성격 발달을 심리 성적 발달과 함께 설명했는데, 구강기, 항문기, 남근기, 잠복기, 생식기 등 다섯 단계로 나누었다. 그의 이론과 연구는 인간의 성격과 정신의 구조를 파악하는 방법을 제시했을 뿐만 아니라 다른 이론들이 생겨나게 함으로써 심리학이나 신경학 등의 분야에 더 많은 관심을 이끌고 발전을 이루는 데 큰 도움이 되었다. 초기의 정신분석이라는 용어는 프로이트가 정신의학과 차이를 두기 위해 사용한 용어로, 히스테리에 관심을 가지고 이를 치료하고자 히스테리의 심리적인 원인 규명과 치료기법을 연구하면서 시작되었다. 그는 신경증을 치료하려면 먼저 신경증을 정확하게 인식해야 한다고 생각했다. 신경증이 일어난 원인이 무의식 속에 있다면, 이 사실 자체를 똑바로 인지하고 그러한 원인이 신경증을 유발하는 과정까지 인식함으로써 그 문제와 영향을 줄일 수 있게 된다.

그러나 반대로 무의식을 인식하기 어려워하거나 너무 고통스러워하는 사람은 무의식 속에 있는 원인이나 현상을 무리해서 마주하게 하려고 하지 않았다. 이처럼 그는 의식과 무의식 그리고 사람들의 정신에 따라 다르게 나타나는 신경증들을 모아서 연구하고 공통적인 부분들을 분석해서 정신이 겉으로 나타나는 과정과 구조를 파악하는 데 힘썼다. 그의 정신분석이론에는 전반적으로 나타나는 전제나 특징들이 존재한다. 그는 인간의 정신에서 행동이 나온다고 생각했다. 즉 첫째, 인간이 밖으로 표현하는 모든 행동은 그 인간의 정신이 활동한 과정에 따라서 나온 결과물이다. 둘째, 어린 시절의 경험이나 정신구조의 성립은 고착된 이후에 변하지 않고 이어진다. 셋째, 인간의 내적 욕구와 무의식의 존재를 인정했으며, 인간의 정신구조나 과정을 명확하게 밝히거나 확정하기 어려운 이유를 무의식에서 찾았다. 넷째, 그는 정신은 일정한 구조를 이루고 있으며, 구조를 이루고 있는 각 부분들은 에너지를 주고받으면서 정신활동을 하고 행동을 유발한다. 이와 함께 인간의 정신은 심리 성적인 단계에 따라서 나누어질 수 있으며, 이 단계에 따라서 모든 인간의 정신이 발달한다. 이는 그가 살았던 시대가 성적 욕구를 억압했기 때문에, 그러한 시대적 특징이 성적 욕구가 중심적인 정신발달의 기준과 지표가 되도록 영향을 미친 것으로 보인다. Nichols와 Schwartz(1998: 209)는 프로이트는 신체적 욕구의 충족에 관심을 가지고 있었기 때문에 대상은 신체적 욕구인 성욕을 만족시키는 대상으로 생각하였다. 프로이트는 성욕이라는 생물학적 욕구의 충족에 일차적 관심을 가지고 있었고 인간과 그 대상과의 관계는 이차적이었다고 하였다.

2. 대상중심 이론적 모델

임 종 렬

임종렬(1936-2005)은 1960년 초에 미국에 유학하여 웨인주립대학교(Wayne State University)에서 학부과정부터 수학하였다. 석사과정에서 Freud의 정신분석학과 신 Freud 학파의 자아심리학을 집중적으로 수학했으며, 통찰 위주의 심리치료를 하는 임상가로서의 훈련을 받았다. 졸업 후 미시간주 정부에서 수여하는 임상사회사업가 면허를 취득(1973년)했다. 임상사회사업가로서의 그는 세계 여러 나라에서 온 다양한 인종들이 가지고 있는 여러 종류의 정신적인 문제를 치료하면서 박사과정을 이수했다. 박사과정을 졸업하고 난 직후 그는 미시간대학교의 임상실습 교수로 초빙되었으며, 모교인 웨인주립대학교 사회사업대학원의 개인치료와 가족치료 교수를 역임했다. 그가 수학한 자아심리학이 대상관계이론으로 변천해 가던 과정(1970년대)에서 그는 대상의 중요성을 인식하고 대상관계이론에 심취한 수많은 세계의 학자들과 교류하면서 나름대로의 식견을 넓혀 갔다.

새로운 이론의 세계를 개척해 가는 개척자 중의 한 사람이 된 그는 자아심리학을 모체로 한 대상관계이론과 관련된 수많은 세미나, 워크샵 등을 돌아다니며 A. Napier, O. Kernberg, J. Miller, 그리고 J. Scharff 등을 만나면서 나름대로 자신의 세계를 구축해 왔다. 그는 국내에 대상관계이론을 알리기 시작하였으며, 1985년 11월 16일에 한국 최초의 가족치료 전문기관인 한국가족치료연구소를 열고 대상관계이론에 기반을 둔 대상중심 가족치료를 시작하였다. 임종렬에 의하여 창안된 대상중심 가족치료는 한국의 실정에 맞는 가족치료로써 한국적 가족치료 모델이다. 저서로는 『관계적 사유, 2000』, 『대상중심이론 가족상담, 2001』, 『대상중심 경계선 가족치료, 2001』, 『모신, 2002』, 『인터뷰, 2002』 등이 있다.

임종렬의 대상중심이론에 의하면 어머니(양육자)는 그의 세상에서 자녀를 낳고 양육하며 자녀의 정신을 만들어내는 절대적인 역할을 한다고 하였다. 자녀의 정신이 역기능적이었을 때는 어머니를 치료해야만 자녀의 정신질환이 치유된다고 믿고 그러한 방법으로 심리·정신적 어려움을 겪는 내담자를 치료한다고 하였다. 또한 그는 인간의 성장과정에 있어서 어머니(양육자)의 영향에 의해서 자녀의 성향이 달라지며, 이는 양육자를 절대시하는 영아의 의존적 생태 때문이다. 가족이 기거하는 가정은 어머니(대상)를 중심으로 구성되어 있기 때문에 어머니의 정신적인 분위기는 가족 전체의 분위기이다. 자녀 양육에 무관심한 양육자는 특별한 동기가 주어지지 않는 한 영원히 자녀가 원하는 따뜻한 사랑과 보호를 거절하는 경향이 있기 때문에 이러한 환경 속에 어린 시절을 보낸 자녀는 성장과정에서 받지 못한 부분을 양육자에게 갈구하게 되며 부정적인 자아가 형성하게 된다. 따라서 미해결과제에 의하여 무의식에 고착된 심리현상은 치료적 개입이 없는 한 영원히 해결되지 않는 병리적 특성으로 자기의 표상의 세계에 남아 있게 된다. 임종렬은 어머니(양육자)의 에너지를 긍정적으로 활용 가능하게 하는 기능을 강화해주는 것만이 자녀가 가지고 있는 역기능적 심리현상에서 벗어나 기능적으로 회복하게 하는 근본이 된다고 하였다. 즉 가족 구성원 간의 문제가 발생 시 양육자의 치료적 변화가 있어야만 가정의 회복이 가능하기 때문에 어머니(양육자)의 치료를 우선해야 한다고 하였다. 그는 대상관계이론을 기반으로 하여 대상중심이론을 창안하였으며,『대상중심이론 가족상담, 2001』에서 그 개요를 밝혔다. 그의 체계는『대상중심 경계선 가족치료, 2001』,『모신, 2002』등 다른 저서에서 상세히 설명되어 있다.

대상중심 가족치료는 가족 실체(entity)에 근거를 두고 실체 안에서 발생 가능한 병리학적 요인들에 관심을 집중하여 문제를 가진 개인의 역기능적 심리현상의 원인을 발견하고 문제를 가진 개인을 대상으로 하여 치료하거나 가족의 일부 또는 전체를 대상으로 치료하여 가족이

가지고 있는 문제를 제거하려는 시도에서 출발한 치료의 기법이다(임종렬, 김순천, 2001: 33). 이 기법은 아내 또는 어머니를 중심으로 한 가족치료라고 할 수 있으며, 대상(아내 또는 어머니)을 치료의 중심인물로 설정한 정신분석학적 논리는 인간의 성장과정과 성장상의 생활이 아내 또는 어머니를 중심으로 해서 이루어지고 있다는 대상관계 이론에 근거한다. 자기성장의 촉매역할을 하는 대상의 심리기능에 의한 특정한 무의식적, 인위적 양육방법은 그 대상의 특정한 심리형태에 의해 결정되고 진행되기 때문에 대상의 양육과정에서 나타난 증상의 원인을 제거해야 한다는 실천적 원칙이 대두되고 대상중심 가족치료이론을 뒷받침하는 배경이 된다.

이러한 대상은 자기를 양육하는 사람으로서 평생을 가지고 살아야 할 성격형성에 결정적인 영향을 미치는 중요한 사람이다. 대상이 없는 자기가 존재할 수 없는 것은 대상이 없는 성격이 없기 때문이다. 성격은 대상과의 관계에서 가지게 된 경험에 의한 사유의 집합체로서 다른 사람과의 관계적 틀을 제시한다. 그러므로 대상은 자기(자녀)의 무의식 속에 기식하여 자기(자녀)의 모든 것을 임의대로 관리하는 절대성을 갖는다. 이러한 이유 때문에 대상을 초인간적인 존재로 인식하고 합리적인 관리에 에너지를 투자하는 것은 어떠한 의미에서나 바람직한 일이라고 할 수 있다. 자기의 삶을 질적으로 향상시킬 수 있는 유일한 방법이 대상과의 관계 특히 외부의 대상이 아닌 무의식 속의 대상을 긍정적으로 관리하는 것에 달려있기 때문이다(임종렬, 2001: 99).

한편 가족치료접근은 가족상황과 증상에 따라 유동적이다. 이는 가족상황과 증상에 적합하다고 고려되는 기법을 동원해야 하기 때문에 대다수의 가족치료자들은 한 가지 기법만을 사용하는 것이 아니라 주된 이론을 포함한 다양한 이론과 기법을 활용한다. 대상중심 가족치료에서는 가족구성원 가운데 배우자나 자녀가 문제의 증상이 나타났을 때 가정의 정서적 분위기를 이끌어가는 어머니(양육자)를 대상으로 1차 개별상담을 한다. 1차 개별상담에서 가족 내 역기능과 문제의 증상을 탐색하고 상담을 구조화 한다. 이후 2차 분리상담에서는 양육자와 문제의 증상을 가지고 있는 가족구성원을 대상으로 상담을 한다. 이후 가족구성원 전체를 위한 3차 합동상담을 한다. 이 과정에서 명료화, 해석, 재구조화 기법 등을 통해 가족구성원의 역기능적 증상은 해소되고, 서로를 이해하고, 치료목표를 달성한다.

그러나 가족구성원의 상담에 대한 저항으로 참여가 어려울 때에는 양육자 단독 상담으로 가족구성원에게 영향을 미쳐 치유의 효과를 이끌어낸다. 이와 함께 모든 가족이 상담에 동참하지 못할 경우에도 양육자의 변화를 통해 나머지 가족 구성원의 변화에 영향력을 미치게 된다. 가족치료에서 사용하는 기법은 가족구성원의 상호관계와 내담자의 증상에 따라 유동적이기에 일정한 치료기법만을 고집할 수는 없으나 대상중심 가족치료에서 사용하는 주기법은 지지적 치료기법, 탐험적 치료기법, 표현적 치료기법이다.

1) 지지적 치료기법

지지적 치료기법은 효과적인 대화의 가교를 창조하여 곤궁에 빠진 내담자가 치료적 관계를 통하여 자신들이 원하는 것을 성취할 수 있도록 돕는다. 이 기법의 실제적인 유용성은 치료의 초기단계와 단기

치료기법으로서 치료자의 파지기능을 지지적으로 이끄는 특효가 있으며, 치료의 진행을 위해 필요 불가결한 기능적 관계를 유지시켜 준다(임종렬, 김순천, 2001: 68-69).

2) 탐험적 치료기법

방어기제의 과다한 활용으로 우울과 분노, 두려움, 죄의식, 수동성과 무기력 그리고 공허감과 폐기감 때문에 고통을 받고 있는 자아를 구제하기 위한 기법이다. 탐험적 치료기법에 의한 경계선 가족치료는 분열대상관계가 전이 속에 나타나도록 활성화시키고 이에 대한 상세한 이해를 돕고 훈습과정을 거치도록 한다. 자기 자신을 파괴하기 위한 본질을 가지고 있는가를 입증하기 위해서 이를 대면시키고 명료화시키는 과정을 거친다(임종렬, 김순천, 2001: 70-71).

3) 표현적 치료기법

표현적 치료기법은 명료화와 해석을 위주로 전이 탐색에 초점을 맞춘다. 취약한 자아의 기능과 주체성 용해 그리고 원시적인 방어기제를 동원하여 자신을 괴롭히기 위한 목적으로 타인을 괴롭히는 행위 즉 매달리는 행위를 조정하기 위한 기법이다. 전이를 중심으로 "지금 여기" 상황에 적합한 치료를 하고, 이러한 전이를 관리하는 필수적인 개입은 해석과 명료화이다. 이와 함께 외부적인 생활환경 즉 가정환경을 구조화해야 한다(임종렬, 김순천, 2001: 73).

3. 심리사회발달 이론적 모델

E. H. Erikson

에릭 에릭슨(1902-1994)은 독일의 프랑크푸르트에서 태어났다. 에릭슨(Erikson)은 심리학에 입문하기 전까지 미술공부를 하였으며 25세 때, 안나 프로이드의 아동연구소에서 Anna Freud와 August Aichhorn의 밑에서 문하생이 되어 1927년부터 1933년까지 정신분석 수련을 받았다. 그 후 미국 보스턴으로 이주하여 아동정신분석가로 개업하였다(권육상, 2006: 151). 1950년 그의 첫 저서 『아동기와 사회(Childhood and Society)』가 출판되었으며 이 책은 그를 자아심리학의 대변자로서 인정하게끔 만들었다. 1951년부터 1960년까지 에릭슨은 매사추세츠 주에 있는 오스틴 피그스 센터에서 시니어 컨설턴트로 봉사했으며 동시에 피츠버그의과대학 및 다른 연구소의 강의를 맡아 활동했다. 에릭슨은 정식교육을 받지 못했고 학위도 없었지만 임상가와 대학교수로 왕성한 활동을 했다. 에릭슨은 인간발달의 사회적 맥락을 강조함으로써 프로이트의 심리 성적 발달의 5단계를 확장하여 8단계 이론을 정립하였다. 즉 에릭슨은 인간발달의 전 생애 접근을 시도한 최초의 인물이다. 에릭슨의 심리사회적 이론은 인간의 발달이 심리·사회적인 측면에서 이루어진다고 보고 있다. 그는 프로이트의 정신분석학 이론의 영향을 받았으며, 그의 이론을 확장하였기 때문에 에릭슨을 신프로이트학파라고도 말한다. 에릭슨은 정신분석학파에 속하나 그의 관심은 무의식적 욕구나 충동이 아닌 자아, 즉 의식적 자아에 있다. 에릭슨은 프로이트 보다 인간 본성에 대해 긍정적인 관점을 가졌다. 프로이드가 인간 성격형성에서 인생 초기 6년 동안의 경험을 강조한데 비하여 에릭슨은 전 생애에 걸쳐 인간의 성격이 계속 발달한다고 하였다.

그의 저서 『아동기와 사회(Childhood and Society)』에서 인간의 생활주기로써 심리·사회적 자아발달 단계를 8단계로 제시하면서, 각 단계마다 긍정적인 요소와 부정적인 요소를 함께 포함시켰는데, 에릭슨은 이를 어떻게 극복하고 처리하느냐에 따라 인격이 달라진다고 주장하였다(권육상, 2006: 152-153). 에릭슨의 주요 개념은 자아정체감의 발달이다. 에릭슨은 변화하는 욕구를 충족시키고자 환경과 접촉하는 과정에서 인간의 자아 양식이 경험하는 위기와 극복과정을 성격발달의 주요인으로 생각하였다. 긍정적 경험 비율이 부정적 경험 비율보다 많으면 위기를 긍정적으로 극복하게 되고 긍정적 성격으로 발달하게 된다. 그러나 부정적 경험이 많으면 부정적 성격을 낳게 된다. 프로이드가 성격의 발달을 정신내적 갈등의 결과물로 규정한데 반하여 사회심리학적 이론가들은 사회문화적 환경이 성격발달에 지대한 영향을 미친다고 보았다. 이러한 관점을 지닌 대표적인 학자가 에릭 에릭슨이다. 그는 어떤 심리적 현상이라도 생물학적, 행동적, 경험적, 사회적 인간의 상호작용으로 이해해야 한다고 하였다. 특히, 사회적 힘이 성격발달에 미치는 영향을 강조하여 그의 이론을 심리사회이론(psychosocial theory)이라고 부르고 있다. 심리사회이론의 또 다른 특성은 인간은 전 생애에 걸쳐 발달과 변화를 하며, 병리적인 것보다는 정상적인 측면과 건강한 측면을 강조한다. 또한 자아정체감 확립의 중요성과 문화적, 역사적 요인 그리고 성격구조의 관련성을 중시한 점이다.

4. 개인심리학 이론적 모델

Alfred Adler

알프레트 아들러(1870-1937)는 1870년 오스트리아 빈에서 태어났다. 헝가리계 유대인인 아들러는 어렸을 때 폐렴에 걸려 죽을 고비를 넘겼고 동생 또한 병으로 죽자 의사가 되기로 결심하였다. 빈 대학에서 의학을 공부한 후 1895년 의사가 되었다. 1902년 오스트리아 빈에서 프로이트를 중심으로 한 수요모임인 빈 정신분석학회를 결성하고 초대 회장을 맡았다. 1912년 빈 정신분석학회에서 8명의 회원들과 탈퇴하여 개인심리학회를 결성하고 연구 활동의 결과물로 만들어낸 저서 『신경증 기질(The Neurotic Constitution, 1912)』을 발표하였다. 1차 세계대전이 끝난 후 빈을 중심으로 아동정신병원 22곳을 열었으나 1932년 아들러가 유대인이라는 이유로 강제 폐쇄되었다. 1927년 이후 미국 콜롬비아대학의 초빙교수를 역임하고 유럽과 미국에서 여러 차례 대중 강연을 한 경력이 인정되어 이후 미국의 롱아일랜드 의과대학 교수직에 임명되었다. 주요 저서로는 『신경쇠약의 특색에 관하여, 1912』, 『개인심리학의 이론과 실제, 1924』 등이 있다. 그는 프로이트에 비해 성격 형성에 있어서의 사회적 영향을 중시하며, 인간행동이 사회적 힘에 의해 동기화 된다는 사회목적론 관점을 취하고 있으며, 자아 방어의 중요성을 높이 평가하지 않았다는 점에서 신프로이트학파로 분류되고 있다.

아들러의 개인심리학에 따르면 인간의 가장 중요한 동기인 완성을 위한 노력은 곧 우월함을 위한 노력이 될 수 있으며, 따라서 열등감을 과도하게 보상하려고 한다는 것이다. 자신과 세계에 대한 한 인간의 견해는 그의 모든 심리적 과정에 영향을 준다. 생활의 모든 중요한 문제는 사회적인 것이므로 개인은 사회적 맥락 안에서 고려되어야 한다. 인간의 사회화는 타고난 사회적 본능의 발달을 통해 이루어진다. 개인의 독특한 목표와 이를 추구하는 방법 등을 포함한 개인의 독특한 성격구조가 생활양식을 구성하는데, 이것은 어느 정도 그의 의식 밖에 있다. 스스로 하나의 일관된 단위인 개인은 특정한 충동과 감정을 그의 생활양식에 복종시킨다. 이 생활양식은 아동기 초기에 형성되는데, 중요한 요소들은 출생 순서, 육체적 열등, 자랄 때 방치되었는지 또는 응석받이로 자랐는지 등이다. 정신이 건강한 사람은 이성, 사회적 관심, 자기초월 등의 특징이 있는 반면, 정신질환을 앓는 사람은 열등감, 타인을 지배할 수 있는 힘, 우월감 및 자기 안전을 위한 자기중심적인 관심 등의 특징이 있다.

아들러는 아동기 초기의 성적 갈등이 정신질환을 초래한다는 프로이트의 견해에 동의하지 않았고, 나아가 성(性)의 역할을 사람이 무력감을 극복하기 위하여 애쓰는 과정에서 상징적인 역할을 하는 것일 뿐이라고 제한했다. 1911년 아들러와 그의 추종자들은 프로이트를 비판하면서 프로이트학파와의 유대를 끊었으며, 개인심리학을 발전시켜서 『신경증적인 체질, 1912』에서 처음으로 그 개요를 밝혔다. 그의 체계는 이 책의 개정·증보판과 『인간의 본성에 대한 이해, 1927』와 같은 다른 저서들에서 상세히 설명되었다. 아들러는 성(性) 본능을 중시하는 프로이트의 설에 반대하여, 인간의 행동과 발달을 결정하는 것은 인간존재에 보편적인 열등감, 무력감과 이를 보상 또는 극복하려는 권력에의 의지, 즉 열등감에 대한 보상욕구라고 생각하였다. 그는 영향력 있는 개인심리학 체계를 세웠으며, 열등감이라는 용어를 도입했다. 그는 열등감에 의해 감정적으로 무능해진 사람들을 성숙하고 상식적이며 사회적으로 유능한 방향으로 인도하는 유연한 지지심리요법을 개발했다. 일생을 통해서 그는 사회적 문제를 강하게 인식하고 있었고, 이것은 연구를 위한 주요 동기로 작용했다.

5. 인간중심 이론적 모델

Carl Rogers

칼 로저스(1902-1987)는 1902년 미국 일리노이주 시카고에서 기독교 가정에서 태어났다. 위스콘신 대학에서 중세의 역사를 전공하였으며, 종교 활동에도 깊이 관여하였다. 1924년 위스콘신 대학을 졸업한 로저스는 유니언 신학대학에서 종교적 교리를 공부하였으며, 1931년에 콜롬비아대학의 사범대에서 임상심리학으로 박사학위를 받은 후 뉴욕의 로체스터에 있는 Guidance

Center의 연구원으로 일하다가 그 연구소의 소장이 되었다. 그는 이 연구소에서 12년간 재직하였으며, 이 기간에 임상경험에 기초한 그의 이론이 형성되기 시작하였다. 그 후 1945년 시카고대학의 심리학과 교수 및 상담소장으로 옮겨갔다. 1957년 위스콘대학으로 옮겨 갔으며, 거기서 자신의 이론을 정신분열병의 치료에 적용해 보았다. 저서로는 『인간론, 1961』, 『엔카운터 그룹, 1970』, 『인간의 잠재력, 1977』 등이 있다. 로저스는 인간은 통합된 유기체로서 행동하기 때문에, 인간을 전체론적 관점에서 접근해야 한다는 입장을 가졌다. 그는 의식과 자아인식이 그 사람의 성격을 설명한다고 보았으며, 자아를 중요시 하였다. 그는 모든 인간은 자기 자신에 대한 주관적인 인식과 자기를 둘러싸고 있는 세상에 대한 주관적인 인식에 따라 인간이 행동한다는 것이다. 또한 자신의 임상경험을 바탕으로 인간의 본성을 알아본 결과 인간은 근본적으로 합목적적이고 전진적이며, 건설적이고 현실적이어서 신뢰할 수 있다고 주장하였다. 그는 인간중심적 이론에서 인간은 정신분석에서 그러지는 것처럼 자신도 모르는 무의식에 지배받는 인간이 아니라고 하였다.

로저스(Rogers)는 인간은 본질적으로 학습하고자 하는 선천적인 동기를 가지고 있기 때문에 상담사는 조력자, 촉진자의 역할만 잘하면 된다고 한다. 그는 인간은 믿을 수 있고 능력이 있으며 자기이해와 자아실현을 위한 잠재력을 지니고 있다고 보며, 자아실현은 일생을 통해서 이루어지는 과정이라고 하였다. 또한 인간은 신뢰하고 존경하는 분위기가 형성된다면 누구나 긍정적으로 발달하고 성장할 수 있고, 자기인식을 할 수 있으며, 더욱 적절한 행동을 할 수 있는 능력을 지니고 있다고 한다. 치료자가 내담자를 있는 그대로의 인간으로서 존중하고 수용하면 내담자 또한 그 동안 스스로를 부인하거나 왜곡하여 인식했던 자신의 행동이나 감정을 받아들이게 되고 이 과정을 통해 자아와 체험이 서로 일치하는 영역이 점점 넓어짐으로써 치료가 된다. 그리고 인간행동은 실체와 다를지라도 주체에게 나타나는 직접적인 체험적 사실, 즉 당사자의 현상에 대한 주관적 인식의 분석을 통하여 이해가 가능한 것이다. 따라서 인간의 성격과 행동을 분석할 때 특정 동기나 과거의 경험보다는 지금 여기에서 주체에게 나타나는 직접적 체험 사실을 중심에 놓고 분석하여야 한다. 이에 따라 상담사는 내담자를 한 인간으로 존중하고 그의 마음을 공감적으로 이해하며 수용적이고 지지적인 분위기를 제공하는 것이 필요하다. 사랑, 창조성, 선택, 의미, 가치, 자아실현 등 인간의 긍정적인 측면에 초점을 맞추는 것이 중요하다. 인간중심상담에서는 수용을 중시하며, 상담사의 태도와 인간적 특성, 내담자와 상담사의 관계의 질을 치료결과의 중요 결정요인으로 본다.

인간은 자기를 실현할 수 있는 기본적 동기와 능력을 가지고 있으나 살아가는 과정에서 그러한 능력이 가려졌을 뿐이다. 또한 인간은 과거에 얽매이는 존재가 아니라 현재에 살고 미래를 추구하는 존재이다. 즉 과거의 경험을 통해 이미 형성되었다기보다는 자신의 가능성과 잠재력을 발견하고 실현하는 존재이다(이장호 외, 2008: 88).

6. 행동주의 이론적 모델

B. F. Skinner

벌허스 프레더릭 스키너(1904-1990)는 미국의 심리학자이다. 1904년 미국 펜실베이니아주의 작은 마을 서스쿼해너에서 출생하였다. 해밀턴대학교에서 영문학을 전공한 후 파블로프와 존 왓슨의 글에 매료되면서 하버드대학교에 재입학하여 심리학을 공부하여 석사, 박사학위를 취득하였다. 그는 행동주의 심리학자로 교육과 심리학에 많은 영향을 미쳤으며, 하버드 대학교에서 1958년부터 1974년 은퇴할 때까지 심리학 교수로 재직하였다. 스키너의 상자로 불리는 조작적 조건화 상자를 만들었으며, 이를 바탕으로 급진적 행동주의라고 부르는 과학철학을 만들어냈다. 심리학에 있어 강화이론에 대한 이론을 만들기 위해 행동의 반응률을 측정하는 누적합산기도 만들었다. 그의 연구는 20세기의 가장 영향력 있는 심리학적 연구로 인정받고 있으며, 연구의 초점은 행동이해의 경험적인 접근방법이다. 주요 저서로는 『유기체의 행동(The behavior of organism, 1938)』, 『과학과 인간의 행동(Science and human behavior, 1953)』, 『언어적 행동(Verbal behavior, 1957)』 등 다수가 있다. 행동주의 이론에서는 인간행동의 대부분은 학습되거나 학습에 의해 수정된다는 기본전제에 근거를 두고 있기 때문에 학습이론이라고도 불린다. 이 이론에서는 환경적 선행요건과 결과에 관심을 두고 있다. 어떤 사건에 대한 예측이 영향을 미치긴 하지만 한 번도 일어난 적이 없는 사건에 의해서 행동이 일어나는 것은 아니다. 따라서 행동주의이론에서는 결과적 사건 특히 강화나 벌이 특정행동을 다시 일어나게 하거나 일어나지 않게 하는데 영향을 미친다고 본다.

스키너(Skinner)는 대표적인 행동주의자이며 조작적 조건형성이론을 대표하는 학자이다. 강화를 통한 조건형성으로서 학습을 설명하며 유기체는 실험상황에서 먹이를 얻기 위한 능동적인 역할을 하며, 실험자가 바라는 유기체의 반응이 나타나지 않거나 또는 나타날 때까지 유기체는 보상을 받지 못하거나 벌을 받아야 한다는 의미에서 조작적(operant)이란 용어를 사용한다. 조작적 조건형성은 자극, 반응, 강화물이라는 세 가지 중요한 요소로 구성되며, 반응과 그 결과에 강조점을 둔다. 스키너는 어떤 행동의 양상이 유전적 소질에 의한 것이라 해도, 이것이 행동의 예측에는 유용할지 모르나, 조작이 불가능하므로 실험적 분석이나 통제에는 무가치하기 때문에 유전적인 설명은 쓸모없다고 주장하였다. 성격발달에 관한 스키너식의 치료는 부분적 또는 연속적 강화 계획에 의해 일어나는 점진적인 행동수정을 강조하고 있다(권육상, 2006: 188). 이와 함께 스키너는 인간과 동물을 동일시함으로써 심리학의 역사에서 가장 많은 논란을 일으킨 장본인이기도 하다. 인간을 환경과 상호작용하는 동물로 인식하고 분석해야 한다고 주장함으로써 인간은 단순한 반사기계가 아닌 행동의 결과로 자신의 행동까지도 바꿀 수 있는 대상으로 보았다. 스키너는 가설의 구성이나 설명보다도 조작주의적 분석에 의해 선행조건과 귀결과의 관계만을 기술하는 입장을 주장하여 스키너학파를 이루었다. 이들은 유기체가 특수한 환경에서 반응하고 있는 외형적인 행동들을 강조하였다. 즉 대부

분의 인간행동이 내적 충동보다는 외적 자극에 의해 동기화 된다고
하였다.

7. 인지행동치료 이론적 모델

Aaron T. Beck

아론 벡(Aaron T. Beck)은 1921년 로드아일랜드 주의 프로방스(Providence)에서 러시아계 유태인 미국 이민자의 막내아들로 태어났다. 이 시절 벡의 어머니는 외동딸의 사망으로 인해 우울증을 경험하였다. 그는 어린 시절 팔이 부러져서 감염된 것이 완치되지 않아 평생을 고생하였으며, 학창시절에 성적 때문에 유급당하고 스스로를 무능하고 바보라고 생각하였다. 벡은 자신의 개인적 문제를 승화시켜 다른 사람을 이해하고 자신의 이론을 개발하는 근거로 이용하였다. 후에 벡의 이론과 치료기법은 부정적 신념을 지닌 사람들을 돕는데 활용되었다. 1943년에 브라운대학을 졸업했으며, 1946년에 예일대에서 박사학위를 받았다. 1954년에 펜실베이니아(Pennsylvania)대학의 정신과 교수가 되었으며, 필라델피아 정신분석학회로부터 정신분석 훈련을 받았다. 그는 대학 내에 Beck 인지치료연구소를 설립하고 연구를 시작하였다. 그의 연구는 우울증에 대한 인지치료의 효율성을 확립하였으며, 인지치료를 우울증, 일반화된 불안, 공포장애, 자살, 알코올 중독, 약물남용, 섭식장애, 부부문제, 대인관계 문제, 성격

장애 등에 성공적으로 적용시켰다. 또한 많은 논문과 책을 집필하였으며, 우울증, 자살 위험, 불안, 자기개념, 성격 등에 대한 평가 척도를 개발했다.

벡의 인지행동치료(cognitive behavior therapy)는 심리학과 정신의학에서 커다란 변화가 급격하게 일어나던 시기에 개발되었으며, 인지가 정서적 고통과 행동적 장애에 중요한 역할을 한다고 강조한 점에서 혁신적인 것이었다. 이 치료의 목표는 환자가 당면한 현재 문제를 해결하고, 역기능적인 사고와 행동을 수정하는데 있다. 인지행동 치료적 접근은 1960년대 이후에 시작되었고, 1980년대에 와서 임상심리 영역에서 주요 심리치료기법으로 자리 잡았으며, 이론적으로 급속하게 발전하게 되었다(원호택 외, 2003: 9). 이 치료는 인지치료와 행동치료가 합해진 말로써 1930년대 이후 발달된 기존의 행동치료에 1960년대 개발된 인지치료가 통합되어 다양하게 발달되었고, 현대 정신의학적 진단에 따라 각각의 치료를 개발, 발전시키고 있기 때문에 현재 가장 활발하게 이용되고 있는 심리치료라 할 수 있다. 이 이론은 짧은 역사에도 불구하고 심리치료의 중요한 접근으로써 확고한 위상을 정립하였다. 벡(Beck)은 정신분석적 이론이 몇 가지 중요한 측면에서 한계를 지닌다고 생각하게 되었고, 그러한 한계를 극복하고자 새로운 이론체계를 정립해 나가게 되었다. 그는 자신의 인지이론이 정신분석적 개념에서부터 출발하였으나 Adler, Horney, Sullivan과 같은 신프로이트학파 분석가들의 영향을 받아 완성되었다고 기술하였다. 신프로이트학파의 왜곡된 자아상에 대한 관심은 정신병리와 성격구조에 대한 인지행동이론이 발달하는 계기가 되었다.

정신분석적 접근이 주로 장기치료인데 반해, 인지행동적 접근은 단기로 진행되는 경향이 있다. 이는 각 접근이 지향하는 목표가 다르기 때문이라고 볼 수 있다. 인지행동치료적 접근은 주로 문제 그 자체의 해결에 초점을 둔다. 따라서 내담자가 직접적으로 호소하는 심리적 문제의 해결이 우선적인 관심사이다. 성격 변화와 인간적 성숙은 심리적 문제가 해결된 다음에 고려되는 보다 궁극적인 차원의 상담목표인 것이다. 이러한 특성에 비추어 인지행동적 접근은 심리적 문제의 해결에 필요한 다양하고 구체적인 상담기법을 가지고 있다. 벡은 처음으로 정서장애에 대해 인지행동치료를 사용하기 시작하였으며, 이를 이론과 기법으로 발전시켰다. 치료의 기본 가정은 심리적 장애를 일으키는 것은 경험 그 자체가 아니라 그 경험에 대한 개인의 해석이다. 치료는 비합리적인 사고를 바꾸기 위한 일련의 설득과 논쟁을 포함하며, 중요한 생활사건에 대한 잘못된 시각과 해석을 수정하기 위해 구체적인 행동과제를 부여하는 것으로 구성된다. 또한 인지행동치료는 명확하고 분명한 증상을 해결하는데 시도되고 있는 치료법으로 증상의 형성에 관계되어 있는 잘못된 습관이나 행동을 더 바람직한 행동으로 수정한다. 이와 함께 사람의 행동을 결정하는 요인은 과거의 경험이나 정신적인 갈등 같은 내적인 측면보다는 바깥에서 주어지는 자극이나 행동이 초래하는 외적인 측면을 강조한다.

 제4장

심리상담의 원리

"사유의 주머니인 마음과 그 마음속에 쌓인 사유의 가닥인 인간행동에 대한 이해를 촉진하는 심리학은 근래에 와서 모든 학문의 기초가 되고 세상을 이해하는 틀이 되었다. 따라서 심리학을 모르면 인간을 이해하지 못하고 무의식의 세상을 알지 못하는 심맹(心盲)이라고 한다."

- 임종렬 -

심리치료가 프로이트에 의해서 이론화되고 시작된 이래 지금까지 많은 학파와 입장들이 생겨나고 유지되어 왔다(김용태, 2009: 21). 상담은 일반적으로 "과학이 아니고 예술이다."라는 말로 표현하고 그리고 또 그렇게 알려져 있다. 숙련된 상담 솜씨 또는 기술은 과학처럼 배워서 알 수 있는 것이 아니라 오랜 세월의 수련을 통해서 자기도 모르는 사이에 몸에 배어 든 것이다. 사람들의 이러한 통념은 상담에 대한 기술을 익히려고 하는 우리에게 기술적인 상담이 얼마나 어려운지, 효과적인 결과를 도출해 낼 수 있는 상담은 어떻게 해야 하는 것인지에 대한 진리를 말해 주는 것이라고 할 수 있다. 그러나 상담에 대한 많은 것을 배우지 않고 이론적인 배경이나 근거가 없는 상담을 무작정 한다고 해서 상담 기술이 함양된다는 것은 아니다. 상담도 이론의 체계를 가지고 있는 학문의 한 분야인 만큼 많이 배워야 잘 할 수 있다는 것이 정론이다. 심리상담은 정신병리학과 정신역동학의 기초 과학에서 발전해 나온 것이다. 현재 사용하고 있는 정신역동에 대한 지식은 많은 사람들의 연구와 임상적 경험을 통해서 발전된 개념들의 집합체이지만 그 근본은 사실상 프로이트(Freud)의 업적에 의한 것이다. 프로이트는 특정한 정신병리에 의한 증상의 심리적 중요성을 상세히 설명하고 묘사했다. 그는 정신병리학과 정서적 갈등 관계를 이해할 수 있는 일반적인 원칙을 공식화하였다.

상담전문가가 되기 위해서 공부하고 있는 사람들이나 경험이 많은 임상가의 상담 장면을 직접 관찰할 수 있는 기회를 갖는다는 것이 어렵고, 자신이 상담하는 장면을 전문가에게 보여 줄 수 있는 기회를 갖기 어려운 상황을 고려할 때 심리상담의 원리를 제시한다는 것은 어떠한 의미에서든지 바람직한 일이 될 것이다. 다만 여기에서 제시하고자 하는 내용은 훌륭한 임상현장에서의 교육을 대리하지는 못하지만 임상전문가들이 현장에서 어떻게 상담을 하고 있는가에 대한 생각을 가지도록 할 수 있을 것에는 이견이 없을 것으로 생각한다. 그리고 임상과정에서 흔하게 볼 수 있는 전문 용어에 대한 잘못된 이해와 활용상의 문제에 대한 것을 논의할 것이다. 상담 진행과정 또는 특이한 임상적 반응의 전문용어와 관련된 많은 작업을 하여야 하기 때문이다. 특히 용어의 몰이해나 상황의 오판으로 불필요한 개입을 하게 되는 경우가 많고 그러한 개입으로 인하여 잘 진행되어 가던 상담이 일시에 혼란에 빠지는 경우를 경험하지 않도록 오류를 피해 가는 것은 참으로 중요하다.

1. 일반상담

상담의 어원은 라틴어의 'consulere'에서 유래되었으며, 고려하다, 반성하다, 조언을 구하다 등과 같은 의미를 지닌다. 상담(相談)의 의미를 한자에서 찾아보면, 나무 목(木)과 눈 목(目)으로 이루어진 '서로 상(相)'은 두 그루의 나무가 눈을 맞대고 마주한다는 뜻으로 쓰이는 낱말이다. 또한 말씀 언(言)과 태울 염(炎)이란 두 글자로 조합된 '이야기 담(談)'은 마치 활활 타오르는 불과 같이 서로 말을 주고받는다는 의미를 지닌 낱말이다. 따라서 글자 그대로 풀이하면 상담이란 두 사람이 마주보고 열심히 대화를 나누는 행위이다. 즉 두 사람이 마주보고 나누는 대화 가운데 한 사람은 도움을 받기 위해, 다른 한사람은 도움을 주기 위해 대화를 나누는 조력적 면담을 의미한다(김춘경 외, 2010: 16-17). 이와 같이 일반상담은 상담을 하는 내용에 대해서 전문지식을 갖추고 있는 전문가가 상담을 받으러 온 사람을 면담하는 것이며, 변호사나 공인회계사, 건축가, 또는 의사가 그의 전문성을 동원하여 기대하고 찾아 온 어떤 형태의 도움을 주는 것이다.

전형적인 의학적 상담 또는 면담은 고통을 겪고 있는 사람이 구제를 원하고 다른 쪽의 사람은 구원을 제공하는 것을 목적으로 한다.

고통을 덜기 위한 도움을 얻으려는 희망이 환자로 하여금 부끄러움 없이 자신을 노출할 수 있게 하고 모든 것을 다 말할 수 있게 하는 동기를 부여한다. 이러한 것을 가능하게 한 것은 의사와 환자 사이에 놓여 있는 비밀을 보장한다는 묵시적인 언약에 의해 촉진되어 진다. 환자의 생각에 의사가 도움을 줄 수 있는 잠재적인 능력을 가지고 있다고 생각하고, 환자는 가지고 있는 어려움에 대한 모든 것을 자유스럽게 말할 수 있는 용기를 갖게 한다. 그러므로 의사는 환자가 겪고 있는 고통에 관한 거의 대부분의 정보를 입수할 수 있게 된다. 이 밖에도 일반상담은 답을 구하러 오는 내담자에게 답을 제공하는 전문가와의 관계를 말한다. 다시 말해서 문제를 가진 내담자는 그 문제에 대한 답을 구하기 위해 전문가를 찾아오고, 문제를 가지고 찾아 온 내담자를 맞이한 전문가는 내담자가 가지고 온 문제에 대한 답을 알고 있는 것만큼 말해주면 된다.

2. 심리치료를 위한 상담

정신분석은 실제이면서 이론이고 기법과 원리에 관한 것이다. 정신분석치료 안에서 많은 인간을 자세히 연구함으로써 인격발달의 이론이 고안되었고, 모든 과학에서와 마찬가지로 새로운 발견과 함께 끊임없이 변화하고 있다. 이러한 인간역동의 원리는 정신분석이나 일반적인 정신치료에 국한되지 않고 인간이 연구대상인 모든 활동 영역의 많은 분야로 확대된다(Alexander & French, 1946: 4). 정신병리를 위한 상담(심리치료)은 일반상담의 예에서 제시한 의료상담과는 여러 측면에서 다른 상담이다. 그렇기 때문에 정신병리를 위한 임상적인 문제를 다루는 상담사는 대인관계분야의 전문성을 가지고 있어야 한다. 내담자는 자신이 가지고 있는 증상의 설명에 관해서 상담사가 공감을 가지고 경청하는 것 외의 다른 많은 것을 기대하고 찾아온다. 따라서 상담사는 이에 부응하는 상담을 할 수 있어야 한다. 심리·정신적 어려움으로 인하여 도움을 받으려 하는 사람은 상담을 잘하는 전문성을 가진 상담사를 원하며, 상담사는 상황에 맞추어 물어봐야 할 것과 묻지 않아야 할 것들을 구분하여 질문을 하는 것과 '말속의 말을 찾음'으로써 그의 전문성을 증명한다.

일반 의료상담에서는 환자 자신이 자진해서 찾아오고 통증에 관한 여러 가지 문제 또는 병과 관련된 모든 문제를 자진해서 말하고, 그렇게 하는 것이 정상적인 것으로 인식되고 있다. 그러나 정신병리를 위한 상담(심리상담)에서는 일반 의료상담처럼 자진해서 찾아오는 내담자들도 있지만, 경우에 따라서는 문제를 가진 당사자는 상담을 원하지 않는데 제 삼자에 의해서 어쩔 수 없이 상담을 받으러 오는 경우가 있다. 정신병리 분야가 아닌 의료면담에서는 일반적으로 질병의 정확한 진단을 하기 위해서 필요한 제반 요인들을 알아내는 것과 병원의 어느 곳으로 보내야 최선의 치료를 받을 수 있을 것인가를 결정하기 위한 목적을 가지고 있다. 의료면담은 지금 앓고 있는 병을 중심으로 과거에 어떤 병을 앓았는지, 가족의 건강은 어떠한지, 가족의 구조는 병과 어떠한 관계가 있는지에 중점을 둔다. 즉 환자의 개인생활과 관련된 자료들은 지금 앓고 있는 병과 어떠한 관계를 가지고 있는가를 알아보는데 중요한 역할을 한다.

예를 들면 환자가 소화기 기관에 장애가 있다면, 의사는 언제부터 증상이 나타나게 되었는지, 음식은 무엇을 먹었는지, 최근에 여행한 일이 있는지 등을 물어 볼 것이다. 그러나 의사는 환자가 주관적으로 자신의 병을 평가하지 못하게 하는 것이 일반적이며 그러한 평가는 병력과 관련된 기록을 하는데 있어서는 제외된다. 정신병리를 치료하는 상담사는 내담자의 증상들에 지대한 관심을 가지고 병을 갖게 된 날짜와 내담자의 생활패턴을 설명할 수 있는 중요한 요인들에 관하여 관심을 갖는다. 정신병리를 치료하기 위한 진단은 현재의 정신문제와 관련된 내담자의 전체 생활사를 근거로 하며, 내담자의 생활양식, 자기 자신에 대한 평가 그리고 일상적으로 어떻게 현실을 대처해 왔는가 하는 일들을 포함한다.

일반 의료상담에서 환자는 자신이 가지고 있는 육체적인 증상을 의사에게 이야기함으로써 의사가 자기의 병을 잘 이해할 수 있고 적절한 치료 조치를 할 수 있을 것이라고 믿는다. 따라서 환자는 그의 병과 관련해서 그 자신이 생각하고 있는 모든 것을 자진해서 의사에게 말하는 것이 일반적이다. 그러나 정신적인 증상들은 육체적인 증상과는 달리 자아의 방어적 기능과 무의식적인 심리적 갈등들을 포함한다. 자기 자신을 방어하려 하는 정신문제를 가진 내담자들은 자기 자신이 알고 있는 문제까지도 면담 장면에서 제대로 말하지 않고 숨기려 하는 경향을 갖는다. 그렇기 때문에 내담자 자신이 고통을 겪고 있는 것으로부터 자신을 구제하고자 하는 강한 동기를 가지고 있음에도 불구하고 그 자신의 정신 내부에서 느끼는 모든 느낌들과 정신적 혼란을 갖게 한 근본적인 원인을 감추고자 하는 강한 동기를 갖는다.

내담자가 자신의 무의식과 정신세계에 깔려있는 방어들을 직관하는 것을 두려워하는 것은 상담 장면에서 감추고자 하는 것뿐만이 아니다. 사람들은 다른 사람들에게 좋은 인상을 주려하는 본능적인 욕구를 가지고 있다. 내담자는 심리·정신적으로 상담사에게 의존하기에 상담사의 반응은 내담자에게 특별히 중요한 역할을 한다. 대부분의 경우 내담자는 상담사의 사랑과 존경을 받기를 원하지만 그러하지 않는 경우도 있다. 만일 내담자가 그의 정신질환의 증상과 관련해서 상담사가 부정적인 태도를 가지고 있다고 느껴지거나 자신의 증상으로 인하여 인간적인 대우를 받을 수 없을 것이라는 의심이 생길 때에 내담자는 자신이 노출하는 정신적인 문제 때문에 상담사의 존경을 잃지 않을 것이라는 확신이 있을 때까지 내담자는 그의 증상과 관련된 것들을 말하지 않는 경우도 있다.

3. 사정(진단)과 치료적 상담

사정(진단)과 치료를 위한 상담은 인위적으로 만들어진 개념이다. 사정과 관련된 상담은 내담자에게 검진을 받는다는 사실이 병리의 표준으로써 실험대상이 되고 있다는 느낌을 갖게 한다. 그렇기 때문에 그 자신의 문제를 노출하는 것을 사실상 불쾌하게 생각한다. 만일 성공적인 상담이라고 말할 수 있는 단 하나의 증거라도 제시할 수 있는 상담이라면 상담사와 내담자가 서로 이해하는 느낌을 나누어 가질 수 있는 계기를 제공한다.

어떤 내담자들은 한번이나 몇 번의 상담을 하고 나서 분석치료를 시작할 것인지 아니면 미래의 어떤 시기에 상담사와 치료를 시작할 것인지를 결정한다. 그러나 상담사는 첫 상담 장면에서 감정이 폭발되어서 그것을 처리할 수밖에는 다른 선택을 할 수 없는 상황에 이르지 않도록 항상 경계해야 한다. 진단과정은 상담사가 환자내의 힘의 균형에 대해 확신할 수 있을 때까지는 탐색적이기는 하지만, 가볍고 조심스러워야 한다(Saul, 1972, 이근후외 역, 1992: 111). 상담사는 내담자들이 울거나 분노 또는 화를 표현할 때 내담자 목소리의 특성에서 분명한 정서적 균열을 인식한다. 내담자가 자신의 감정과 접촉하고 있다는 또 다른 증거는 강렬한 감정의 표현 또는 생생하고 독특한 언어를 사용한다. 이때 상담사가 공감적으로 긍정(affirmation)하고 내담자 경험을 받아들이고 인정하면서 비난이나 부끄러움에 대한 두려움 없이 자유롭고 개방적으로 자신의 느낌을 경험할 수 있는 안전한 장소를 제공하는 것이 중요하다. 상담사는 내담자에게 그들의 느낌을 매우 깊게 탐색하거나 그들의 강렬한 감정에 도전하는 것은 안 된다. 대신에 숙련된 상담사들은 열린 자세로 내담자의 고통과 취약함의 표현을 받아들인다(Elliott et al, 2005: 119).

그러나 초심자들은 상담을 통해서 믿음과 찬성을 받을 수 있는 상담을 해야 된다는 것에 대한 충고를 잘못 해석하고 이해할 수 있다. 예를 들면 '걱정하지 마십시오.' 라고 말을 한다든지 '아주 정상입니다.' 라는 말로 시작되는 말이 이해를 수반하는 것이 아니고 다만 믿음을 갖게 한다는 말이라는 것을 알지 못할 수도 있다. 반면에 '당신이 이것에 대해서 얼마나 걱정을 많이 하고 있는지 이해할 수 있을 것 같습니다.'라고 말을 하든지, 내담자를 화나게 만드는 상황이 어떠한 것인가를 지적해 주는 것이 내담자의 입장을 이해하는 것이라고 할 수 있다. 내담자의 입장을 이해하는 것을 중심으로 한 상담만이 숨어있는 정신병리를 발굴하는 것보다 더 가치 있는 정보를 이끌어내는 것이 된다. 따라서 내담자와의 상담이 한 번으로 끝나는 일회성 면담이라고 할지라도 이해를 중심으로 한 상담을 했다면 그 상담은 진실한 의미에서 치료적 중재를 가능하게 한 상담이라고 할 수 있다.

이와 함께 상담 장면에서 상담사는 내담자의 문제에 관하여 그가 어린 시절에 경험했던 두려움의 감정, 사고, 기호로부터 가장 근본적인 것을 끌어냄으로써 이해될 수 있으며, 내담자가 그러한 감정을 재경험하고 통합함으로써 더 온전하고 풍요로운 자아와 삶의 가능성을 찾도록 하는 것이 치료의 초점이다(Wachtel, 1993: 32). 유능한 상담사는 상담으로부터 얻어진 내담자의 과거 생활사 자료로부터 현재의 중심적 갈등과 과거의 중요한 원천과의 연관성을 찾아보려고 시도한다. 이는 상담과정에서 우리로 하여금 처리할 수 없는 많은 자료 속에 헤매지 않고 현재의 중심적 갈등의 보다 깊은 무의식적 결정인자를 골라내도록 해준다. 나아가서 상담사는 내담자의 전반적 심리상태를 평가하고 잠정적 진단을 내린다(Mann, 1973, 박영숙, 이근후 역, 1993: 27).

한편 분노가 일어나는 원인은 중요한 사람에게 사랑받고 의존하고 인정받고자 노력했으나 이를 받아주지 않을 때 좌절을 느끼게 되고 분노와 적개심이 올라오게 된다. 이러한 감정이 외부로 표출화 되었을 때 비행, 춤바람, 외도, 중독, 도박, 약물 등으로 나타나게 되며, 안으로 내재화 되었을 때 우울증, 조울증, 두통, 화병 등으로 나타나게 된다.

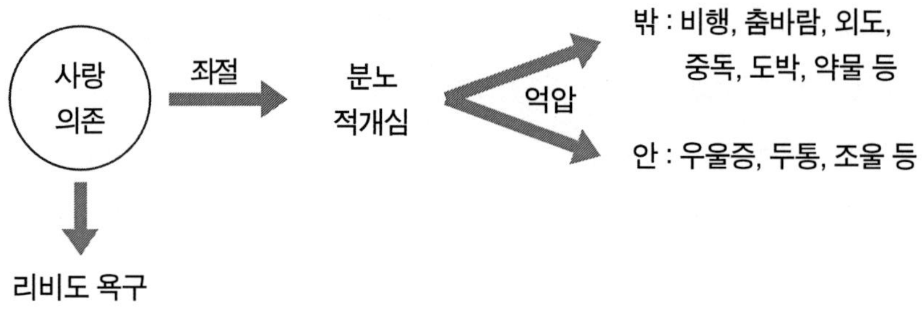

【그림 1】 분노가 일어나는 원인

4. 상담과 치료의 종결

심리치료에 있어서 5년 이상 중단되지 않고 계속되는 정신분석에 대해 회의적이다. 정신분석이나 정신치료에서 치료란 환자가 변화되도록 도울 수 있어야 한다는 점으로 볼 때, 시간이 더이상 치료자의 편에 서지 않게 되는 시기가 오게 되는데, 이런 경우 시간은 환자에 의해 유아적 충족을 위한 수단으로 이용되기 마련이다(Mann, 1973, 박영숙, 이근후 역, 1993: 7).

1) 초기상담

상담사는 초기상담에서 내담자와의 관계형성과 의사소통이 중요하다. 이러한 상호작용은 정서적인 것이기에 상담사가 따뜻하고 신뢰감을 줄 수 있는 자연스럽고 편안한 능력을 갖추고 있을 때 내담자를 더 빨리 이해하게 된다. 상담사 자신이 안정되어 있으며 내담자에게 관심을 보인다면, 내담자는 상담사에게 반응을 보이게 될 것이다. 내담자는 자기 방식대로 상담사를 이해하게 되며, 상담의 효율성을 위해 상담사나 내담자 모두 서로를 이해하여야 한다. 초기상담에서 상담사는 경청, 지지, 공감 등 치료적 기법을 활용하여 구체적 영역에 대한 내담자의 자기 탐색을 도우며, 내담자가 도달하고자 하는 목표를 설정하도록 돕는다. 또한 상담을 구조화하고 경청하며 목표설정을 도와줌으로써 내담자와 관계형성(rapport)을 한다. 상담사는 내담자가 신뢰할 수 있도록 치료 초기에 외모나 첫인상에 신경을 써야하며, 부드럽고 따스한 태도를 보여주어야 한다. 또한 전문가로써 전문성과 여유로움을 전달할 수 있으면 좋다. 이런 상담사의 모습이 내담자에게 느껴지고 전달될 때 내담자는 편안하게 자신을 드러내고 상담에 임하게 된다.

초기상담의 초점을 수립하는 중요한 요소는 내담자의 삶에서 중요한 사건과 경험이 내담자의 증상과 최근 고통에 어떻게 연관되어 있는지를 알아내는 것으로 이는 감각이 발달된 상담사의 능력이다. 숙련된 상담사는 내담자의 언어 사용과 정서적 각성 수준에 주의를 기울여 자신의 내적인 감각을 내담자에게 의미 있게 사용하는 능력을 가지고 있다. 이것은 상담사의 경험적 수용력과 인지기능에 대한 지식을 반영하는 의미로써 내담자와의 실제적인 경험과 상담사의 삶의 경험 그리고 상담사의 이론적 지식의 융합이다. 이러한 수용력은 초기 치료 때 탄력적이고 민감한 방식으로 개입하게 한다(Elliott et al, 2005: 146). 그러나 초기상담에서 내담자는 상담사가 자신을 이해해줄 사람인지 확신할 수 없기 때문에 중요한 문제를 잘 드러내지 않는다. 내담자가 자유롭게 자신의 감정, 생각, 경험들을 드러낼 수 있도록 허용하고 경청, 지지, 공감하는 것은 상담의 중요한 측면으로서 어떤 사람들에게는 이것만으로도 치유가 되기도 한다. 따라서 상담은 한두 번으로 끝나는 경우도 있지만 짧게는 6개월 이내 또는 그 이상의 장기상담을 요하는 경우도 있다. 상담이 얼마나 오래 지속되는지는 내담자가 제시하는 문제의 증상, 상담사가 취하는 이론적 접근 그리고 상담사와 내담자가 처한 상황에 따라 달라진다. 만일 어떤 특정한 내담자가 이전에 심리치료를 받아 본 경험이 있다면 그 상황은 훨씬 더 복잡해질 것이고, 보다 많은 정신병리에 대한 연구를 필요로 할 것이며 더 많은 노력을 요할 것이다. 이러한 경우에는 진정한 의미에서의 치료가 시작되기까지 수개월이라는 세월에 걸쳐 내담자가 자신을 이해할 수 있는 안목을 갖게 하기 위한 상담이 필요할 것이다.

초기상담에서 상담사는 내담자가 자신에게 어떻게 반응하는지 그리고 관계가 어떻게 발전되어 가는지를 평가할 수 있어야 한다. 상담사는 내담자의 무의식에 잠재하고 있는 부정적 반응을 알아냈다면 그것을 탐색하고 명료화하여야 한다. 이시기에 상담사와 내담자는 관계형성을 하여 긍정적 상담 관계를 확립해야 한다. 이는 내담자에 따라 상담에 호의적이든 부정적 성향을 보이든 상담사는 내담자를 도우려는 진실한 마음과 이해가 있어야 하며 경청, 지지, 격려, 공감 등을 통해 상담사와 내담자가 동맹을 형성하여 효율적인 상담이 되도록 하여야 한다. 이와 함께 상담사는 내담자에 관한 선입견이나 편견을 가져서는 안 되며, 상담의 안전함과 신뢰감을 주어야 한다. 그러나 상담사도 완벽할 수 없기 때문에 내담자의 문제를 잘못 평가하거나 중요한 부분을 놓칠 수도 있다. 상담 초기에 내담자에 대해 평소와 다른 지나치게 강한 감정을 느낀다면 다른 상담사에게 의뢰할 것을 고려해 보아야 한다. 상담사가 내담자를 두려워하거나 내담자에게 성적 매력을 느낄 수도 있으며, 역전이가 일어나 개인적으로 혐오하거나 가치관이 달라 대화가 통하지 않는다고 느낄 수 있다. 이러한 문제들은 상담 초기부터 나타나기에 상담사는 내담자의 반응뿐만 아니라 자기 자신의 반응을 평가하여 상담의 방향을 올바로 설정해야 한다. 이와 함께 상담사는 자신의 전문분야를 넘어선 상담내용이 전개되었을 때에 내담자에게 양해를 구하고 다른 전문상담사에게 의뢰하여야 한다.

내담자를 다른 상담사에게 의뢰하는 경우 단 한 번의 상담을 한 경우라 해도 심각한 문제를 일으킬 수 있다. 만약 첫 번째 상담에서 상담했던 상담사가 내담자를 상담할 수 없는 경우라면 이러한 사실을 내담자에게 알려주어야 한다. 이러한 일들이 내담자에게 이해된다 하더라도 상담사는 상담 초기의 전이와 치료 의뢰과정에서 내담자에게 일어날 수 있는 일들을 생각해야 한다. 예를 들어 내담자가 어린 시절 자신의 의사와 관계없이 부모의 곁을 떠나 조부모나 친척에 의하여 양육되었거나 내담자보다 더 젊은 상담사에게 의뢰된다면 그의 자존심에 상처를 받게 될 것이다. 따라서 내담자를 위한 중심 역동을 이해하거나 주의를 집중해야 하고 분석 결정이나 의뢰 상황에 대한 내담자의 반응에 세심한 주의를 기울여야 한다.

2) 상담의 중기

내담자는 초기상담에서 얻은 지식의 일부를 적용하고 자기에 대한 이해를 넓히기 시작한다. 이전에 제기되었던 점들을 확장하고 실제에서 검증하고, 질문하고, 수정한다. 심리치료의 중기는 치료의 비중이 크며 내담자의 변화에 있어서도 중요한 부분을 차지한다. 초기상담에서는 내담자에 대한 깊숙한 탐색이나 질문을 피할 수 있지만 중기에서는 내담자의 문제를 더 잘 이해하게 되고 관계가 더 발전되었다고 생각할 때까지 깊이 있는 탐색이나 질문을 하게 된다. 상담자는 이전에 다가가기 힘들었던 내담자의 신념, 지각, 행동들을 언급할 수 있으며, 내담자는 그러한 것들에 직면하게 되고 이전의 치료에서 보다 상담사와 내담자는 더욱 적극적인 상호교류가 일어난다.

상담사는 계속해서 내담자에게 관심을 나타내고 주의 깊게 공감하는 경청자가 되어야 하며, 내담자의 특정한 활동과 절차를 더 많이 사용할 수도 있다. 예를 들면 상담사가 내담자의 어려움을 보다 깊이 이해하게 됨에 따라 내담자의 과거와 현재의 적응에 관하여 더 많은 설명과 해석을 하는 경향이 있다. 상담사는 또한 정보제공, 역할연기, 인지적 재구조화, 이완, 숙제 할당, 그리고 유용한 것으로 보이는 다른 절차와 기법들도 사용하게 된다(Garfield, 1998, 권석만 외 역, 2006: 140). 이와 같이 상담사는 내담자와 그의 어려움에 대하여 더 깊이 이해하게 됨에 따라 내담자의 과거와 현재의 적응에 관하여 피드백하게 된다. 또한 통찰유도, 자각, 인지적 재구조화, 명료화 등 유용한 기법을 사용하게 된다. 상담의 중기가 시작되면 상담사는 상담의 진행과정에 관하여 생각하고 초기에 가졌던 생각을 수정하거나 확인하여야 하며 경우에 따라서는 내담자의 요구에 따라 상담의 목표를 재수정 하는 등 능동적으로 대처해야만 한다. 즉 내담자에게 관심을 보이고 경청하며, 공감하여 내담자의 감정과 관심사를 반영해 주어야 한다.

또한 상담사는 내담자의 일상생활에서 중요한 사람들과의 관계에 관한 상호작용에 비중을 두고 상담에 임하게 된다. 이는 현재 일어나고 있는 문제(가족문제, 주변사람들과의 갈등, 직장에서 상사나 동료와의 어려움 등)들이 내담자의 원가족에서 경험되고 고착된 미해결과제가 무의식에 잠재하고 있다가 주변 상황에 의해서 의식으로 표출된 모습이기 때문이다. 다시 말하면 콩이 싹이 트고 자라기 위해서는 온도와 습기 그리고 토양 등의 조건이 맞아야 하듯이 갈등의 문제가 나타나기 위해서는 주변상황과 여건이 갈등의 조건에 적합해야 활성화된다. 따라서 내담자의 현재의 패턴(pattern)과 행동의 결과를 변화시키고 전반적인 적응에 기여하는 활동을 재구조화하도록 피드백을 해주어야 한다. 상담사는 상담 중 일어날 수 있는 내담자의 생활사건의 영향을 주시하고 다루어야 한다. 상담 장면에서 자신의 상담 기법이나 지침을 가지고 상담 계획을 가질 수 있으나, 내담자의 삶에서 어떤 위기나 예상치 않은 일이 일어날 때에는 우선적으로 초점을 맞추어야 한다. 예를 들면 가족의 죽음, 사랑하는 사람과의 이별, 이혼 위기 등은 내담자가 감당하기 어려운 충격을 받게 된다. 이러한 어려움에 대한 감정을 표현하도록 돕고, 공감과 지지 등을 통하여 대처능력을 키워주어야 한다. 또한 경우에 따라서는 문제 상황에 회피하지 않고 직면하게 하여 스스로 해결할 수 있는 힘을 갖추도록 해야 한다.

3) 상담의 종결

모든 생명체가 어느 시점에서는 자연스러운 종말에 이르듯이 심리치료도 마찬가지다. 따라서 상담사는 심리치료의 일상적인 과정으로 종결을 예견하고 있어야 하며, 어느 시점에 도달하면 내담자 역시 치료가 끝난다는 생각을 하기 시작할 것이다. 만일 치료가 잘 이루어졌고 치료자와 내담자간의 관계가 좋았다면 분리감이라는 정서를 경험할 수 도 있다. 이러한 현상은 정상적인 것으로 볼 수 있으며, 중요한 경험을 함께 나누었던 상담사와 내담자가 현실적으로 경험할 수 있는 것으로 받아들인다(Garfield, 1998, 권석만 외 역, 2006: 181). 내담자는 상담을 계속할 수 있다면 상담을 포기하지 않으려 하는데 이것은 놀라운 것이 아니다. 상담이 진행되면서 큰 고통 없이 심리적 만족을 얻을 수 있기 때문에 내담자는 상담에 의존하는 것이다. 그러나 상담사는 상담과정 안에 종결을 준비하여야 한다. 종결은 상담 부분에서 중요한 부분이므로 계획적이고 기술적으로 다루어야 하며, 상담사는 내담자가 갖는 심리·정서적 요인을 고려하여 신중하게 계획하여야 한다. 상담사는 종결에 대한 방어에 관한 정보를 얻기 위한 방법으로 종결이 다가오고 있음을 언급해야하며, 명료화, 지지, 격려 등을 통해 중심 문제를 다루게 된다. 상담기간 중 내담자는 상담사에게 의존하게 되며, 종결에 대한 아쉬움과 이별과 분리에 관한 정서를 경험하게 된다. 따라서 상담사는 내담자에게 종결 몇 회기 전에 종결에 대한 고지를 하여야 하며 애도기간을 가져야 한다.

적절한 치료 종결은 다른 모든 중요한 단계에서와 같이 내담자의 이해에 달려있다. 상담사는 근본문제를 명확하게 이해하는 동시에 현재의 자료와 증상, 생활에서의 행동, 전이에 나타나고 있는 힘의 위치를 명확하게 이해하여야만 한다. 종결의 문제는 동기의 이런 중요한 영역들이 잘 훈습되었다고 판단할 때 신중하게 제기 된다. 더욱이 실제의 치료는 상담실이 아닌 생활 속에서 일어난다. 이는 치료과정이나 치료이후에 그러하다. 따라서 내담자는 자신의 힘으로 해결해야 하며, 치료경험에서의 정서적 통찰에 의해 학습한 것을 생활에서 어떻게 사용하는지에 대해 책임이 있다. 치료 후 내담자가 전이에 덜 몰두함으로써 전이 해결에 상당히 증진될 수 있고 결과적으로 내담자는 더 많은 것을 배울 수 있게 된다(Saul, 1972, 이근후 외 역, 1992: 282-283). 또한 상담의 종결은 내담자가 더 이상의 치료 없이 정상생활을 이끌어 갈 수 있는지 여부를 보여준다. 내담자는 혼자서 자신의 문제와 싸울 기회를 가져야 하며, 상담사는 종결 후 내담자가 약간의 재발 징후에서 되돌아오도록 격려해서는 안 된다. 그러나 한편으로 내담자는 실제로 상담사를 필요로 한다면 그는 항상 되돌아 올 수 있다는 확신을 가지고 있어야 한다. 이러한 치료종결은 인위적인 것이 아니라 자연스러운 치료의 끝마침이 될 것이다(Alexander et al., 1946: 36). 상담사의 역할과 상담의 목표에 대하여 그림 2에서 도식으로 나타내었다.

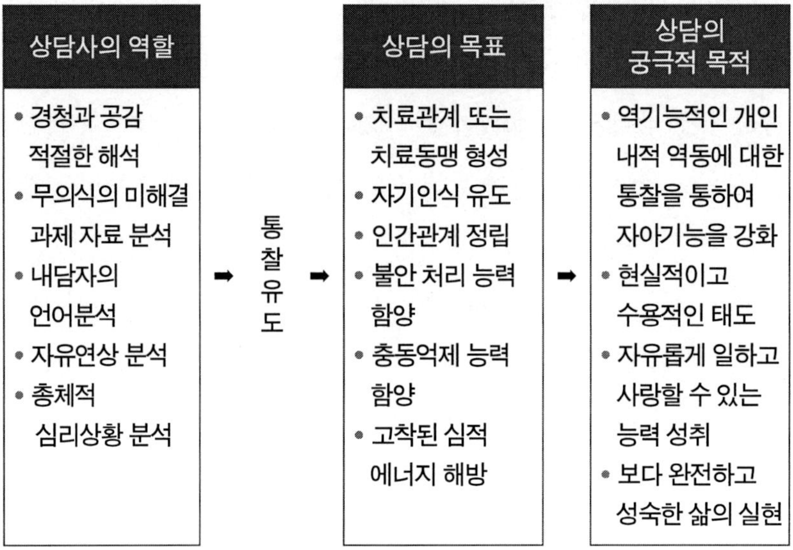

【그림 2】 상담사의 역할과 상담의 목적

제5장

심리상담의 관찰

Ⅰ. 상담의 내용 및 과정

1. 상담의 내용

상담의 내용은 내담자가 제공한 사실에 근거한 정보와 상담사의 특별한 중재내용을 포함한다. 상담내용이 내담자와 비언어적인 행동에 의한 대화에 의존하고 있다고 할지라도 언어적 전달이 가능하여야 한다. 언어적 내용은 상담의 진실한 메시지와 관계가 없을 수도 있다. 반면에 비언어적 행동의 메시지는 의미전달이 강하게 다가오는 것도 있다. 예를 들면, 내담자가 경직된 자세로 앉아 있으면서 손에 쥐고 있는 빈 성냥 껍질 위에 작은 몇 방울의 눈물을 떨어뜨리거나, 주먹을 불끈 쥔다거나, 여자 내담자가 그녀의 허벅지를 노출시킨다거나, 상담사가 노출된 허벅지를 훔쳐보고 죄의식을 느끼는 것과 같은 것들이 언어가 전달하는 메시지보다 훨씬 더 강하고 직설적인 메시지가 된다. 이는 의미 있는 대화가 상담사와 내담자의 비언어적 행동 속에 들어 있다. 그렇다고 해서 언어적 표현을 무시해도 된다는 말은 아니다. 상담과정에서 내담자가 전하고자 하는 말의 의미는 사전에 정의되어 있는 말의 의미보다 더 많은 의미를 포함하고 있다. 그렇기 때문에 상담사는 내담자의 언어적 표현의 현실성과 표현된 언어의 은유적 또는 암시적 내용에 주의 깊은 관심을 가지고 분석적 경청을 해야 한다. 그 예로서 내담자가 사용하는 말의 내용이나 스타일, 특정한 언어선택의 빈도, 즉 활동적인 내용의 동사나 비활동적인 동사, 전문적인 용어, 사투리, 잦은 명령어 등을 얼마나 자주 사용하는가를 예의 주시하고 그 말들의 내용을 분석해야 한다.

2. 상담의 과정

상담과정은 상담사와 내담자 사이의 관계를 발전시키는 것을 말한다. 이는 은유적인 대화의 의미와 관련된다. 내담자는 상담사를 신뢰하고 실력이 있는 사람이라고 믿고 찾아온다. 그의 환상이 어느 정도 충족되었는가와 관련된 치료 과정상의 경험에 따라 상담의 질을 인정하는 정도가 달라진다.

어떤 내담자는 강박증, 공황증, 불안증과 같은 정신과적 증세를 가지고 찾아온다. 이들은 상담사에게 자신의 고민을 털어놓고 자신이 지금 겪고 있는 고통을 이야기 한다(김환, 이장호, 2009: 17). 상담사와 마찬가지로 내담자 역시 상담사를 분석하는데 상담과정 중 상담사의 한 말과 몸짓에 대하여, 왜 그때 그 시간에 그렇게 보여주었을까 하는 의

구심을 갖게 되고, 이에 대한 답을 스스로에게 해준다. 상담사는 상담의 진행과정을 계속해서 완벽하게 인식하고 있어야 한다. 그리고 자신에게 "왜 그 때 그 말을 그러한 방법으로 해야 했는가?" 또는 "무엇 때문에 그 때 그 내담자는 내가 하는 그 말을 방해했을까?" 하고 스스로에게 물어 보아야 한다. 상담과정은 내담자와 상담사가 어떻게 서로 관련되어 있는가를 보여주는 치료적 의미를 내포한다. 내담자가 격리되어 있는가, 추파를 던지고 있는가, 환심을 사기위해 비위를 맞추고 있는가, 매혹적으로 보이려고 하는가, 아니면 오만한 행동을 하고 있는가를 관찰해야 하고 내담자의 그러한 행동들이 자주 변하는 가를 예의 주시해야 한다.

따라서 상담사는 내담자의 그러한 감정적 표현에 어떠한 반응을 보이고 있는가를 알아야 하고 그러한 내담자의 행동과 상담사의 반응을 분석해서 이해하고 있어야 한다. 만일 상담사가 내담자의 말이나 행동에 대한 의미를 정확하게 파악한다면, 상담사는 내담자와의 상호작용과 이해의 폭을 넓히게 될 것이다. 그 예로서 강박적 사고를 가진 내담자가 상담의 흐름을 가로막는 말을 계속해서 되풀이하고 있다면, 그 때 그 내담자는 의식 또는 무의식적으로 상담사를 회피하려 하고 있다는 것을 인식할 수 있다. 그리고 다른 한편으로는 상담사 자신의 정서적 반응이 숨겨져 있는 내담자의 우울증을 인식하게 하는 데 도움이 될 것이다.

3. 자기관찰 자료

상담사는 면담으로부터 얻어진 과거 생활사 자료로부터 현재의 중심적 갈등과 과거의 중요한 원천과의 연관성을 찾아보려고 시도하며, 이는 치료과정에서 우리로 하여금 처리할 수 없는 많은 자료 속에 헤매지 않고 현재의 중심적 갈등의 보다 깊은 무의식적 결정인자를 골라내도록 한다. 나아가서 상담사는 내담자의 전반적 심리상태를 평가하고 잠정적 진단을 내린다(Mann, 1973, 박영숙, 이근후 역, 1993: 27). 심리상담에서 의사소통을 하는 자료를 자기관찰 자료와 주의 깊은 자료로 나누어 살펴본다. 자기관찰 자료는 내담자가 보고하는 그의 느낌과 경험으로 이루어져 있다. 이 자료는 음성으로 표현되는 것이 일반적이다. 반면에 주의 깊은 자료는 상담사와 내담자의 비언어적 행동으로 이루어져 있다.

내담자는 그의 비언어적 의사소통에 대한 중요성을 크게 인식하지 못하고 언어적 내용과 관련하여 때를 맞추지 못한다. 일반적으로 비언어적 의사소통은 내담자의 정서적 반응, 즉 웃거나 얼굴을 붉히거나 안절부절 하는 것 등을 포함한다. 내담자의 느낌을 전달하는 것 중의 중요한 방법은 그의 음성의 높낮이를 조정하는 것이다. 상담사 또한 내담자의 언어화되지 않은 특이한 사고의 과정들과 자율적인 행동을 관찰하는 것으로써 이해할 수 있다. 예를 들면 내담자가 그의 손톱을 물어뜯거나 아니면 시계를 보는 것 같은 반복된 행위는 용해된 불안을 전달하는 하나의 방법이라고 할 수 있다.

1) 정동과 사고

초기상담에서 상담사와 내담자는 낯선 사람끼리의 만남에 대한 불안한 정동을 경험한다. 내담자는 그 자신의 정신질환에 대해서 불안해하고, 상담사는 내담자를 향한 그의 반응에 불안해하며 또한 심리치료의 실제적인 문제 때문에 불안해한다. 많은 사람들은 심리치료하는 전문가로부터 자문을 구하는 것에 대해서 심리적으로 위축되고 불안을 느낀다. 이러한 불안은 상황을 보다 더 복잡하게 하는 원인이 된다. 상담사의 불안은 새로운 내담자의 반응과 관련되고 그가 얼마만큼 도움을 줄 수 있을 것인지와 관련된다. 만일 상담사가 상담을 공부하고 있다면 그의 슈퍼바이저의 의견이 상당 부분 중요한 것으로서 기능을 한다.

2) 내담자의 표현

내담자는 슬픔, 분노, 죄의식, 수치심, 자존심 또는 즐거움과 같은 느낌(정동)을 표현할 수 있다. 상담사는 내담자에게 무엇을 느끼며 무엇을 생각하고 있는가에 대한 그의 정동적인 상황을 구체적으로 설명할 수 있도록 질문을 해야 한다. 만일 내담자의 정신세계를 상징하는 정동이 분명하다면 상담사는 내담자에게 느낌에 대한 것을 물어볼 필요가 있다. 특히 무엇이 내담자가 가지고 있는 지금의 그 정서를 갖게 했는가를 알아보아야 한다. 만일 상담사가 내담자의 특정한 느낌에 대해서 언급했을 때 상담사가 언급한 내담자의 느낌이 실제로 내담자가 지금 느끼고 있는 느낌이 아니라고 부인한다면, 상담사는 수용하고 그에게 다시 그러한 느낌을 갖게 한 것이 무엇인가를 물어 볼 것이다.

그리고 상담사는 내담자가 특정한 느낌을 지금 느끼고 있다고 믿고, 내담자는 자신이 그러한 느낌을 느끼고 있지 않다고 부인하는 느낌에 대한 서로의 견해 차이 때문에 내담자와 언쟁을 해서는 안 된다. 이는 어떤 내담자들은 자신의 감정적 반응에 개방적이고 솔직하지만, 어떤 내담자들은 감정을 가능한 한 숨기려고 한다.

3) 내담자의 정서적 반응

내담자의 사고는 중요하지만 사고보다 더 중요한 것은 내담자의 정서적 반응이다. 사고는 의식적이고 조작적이며 계획적이지만, 정서적 반응은 무의식적이고 자율적이며, 통제가 불가능한 정신세계의 표현이기 때문에 정서적 반응의 원인에 대한 이해는 상담 내용을 이해하는 열쇠가 된다. 그 예로써 어떤 내담자가 그녀의 현재 생활을 자세하게 묘사하는 과정에서 남편에 대한 이야기를 하게 되었을 때 자신도 모르게 흘러나오는 눈물을 감추려고 애를 쓰는 경우의 정서적 반응을 들 수 있다. 그러나 내담자의 사고과정은 정서적 반응과는 달리 표출된 내용과 수습의 과정을 비교 관찰하는 것이다.

II. 내담자

1. 정신병리학

정신병리학은 정신질환에서 비정상적인 행동, 사고, 의식 등으로 나타나는 증상들의 원인 및 그 표현에 대한 연구이다. 크레펠린(Kraepe-lin, 1856-1926)이 창시한 기술정신의학은 정신병적 증상들을 기술하고 분류하고 명명하였으며, 정신분석학 내지 역동정신의학의 증상과 발생과정을 설명하였다(권육상, 2003: 123-124). 정상과 이상의 구별은 명료한 것이 아니며, 또한 정신장애는 주관적 체험양식, 사회적 환경요인들과 밀접한 관련이 있기 때문에 내담자에게 영향을 끼친 사회 속에서의 전체적 인간상을 파악하는 데에 중점을 두게 되었다.

심리치료는 정서적 장애의 형태학을 말한다. 이는 행동 또는 특성학적 혼란 등을 포함한 신경증적 또는 정신병적 증상들을 포함한다. 행동장애와 특성학적 혼란은 내담자의 사랑, 선행, 일, 놀이, 사회활동, 가정생활 그리고 육체적인 기능과 관련된 기능상의 역량에 결함이 있는 것을 말한다. 이러한 정신병리학은 방어기제의 효율성을 다루고 인간과의 관계와 성격의 전반적인 통합과정에 관한 것을 연구한다.

2. 성격의 힘

1) 내담자의 이해

많은 경우 내담자들은 상담사를 찾아 올 때 상담사들은 내담자가 가지고 있는 증상과 혹시 있을지도 모르는 특성상의 결함들에만 관심이 있다고 생각한다. 내담자는 자기가 가지고 있는 정신적인 문제에 대해서 이야기 한다. 그러나 내담자가 스스로 이야기한 내용은 심리역동을 이해하는데 충분하지 않기 때문에 상담사는 내담자에게 자신에 대해 어떻게 생각하고 있는지에 대해서 말해주시겠습니까? 등과 같은 질문을 한다.

이러한 내담자 이해의 출발점은 상담 회기 중에 그들이 무엇을 말하고 어떻게 말하는지를 주의 깊게 공감하며 듣는 것이다. 상담사는 내담자들이 경험하는 것의 다면적인 본질을 묘사하거나 분명히 표현하는 것을 돕기 위해 노력한다(Elliott et al., 2005: 53). 간혹 내담자의 중요한 심리적 내용이 이러한 상담과정에 보여주는 반응을 통해서 발견될 수도 있다. 능숙한 상담은 내담자가 가지고 있는 건강한 내면세계를 표출할 수 있도록 돕는다. 이때 내담자는 초면인 상담사에게 그의 결함을 노출시켰다는 것에 대한 긴장과 불안 그리고 당황함에 죄의식을 가질 수 있다. 그러나 "당신은 당신 자신을 즐겁게 하기 위해서 무엇을 할 수 있습니까?"와 같은 질문에 대해 아주 힘든 반응을 보이면서 눈물을 흘린 후에는 내담자는 스스로 그러한 용기가 있었다는 것을 새삼스럽게 발견하고 그러한 능력을 가진 자기 자신에 대해서 즐거움과 높은 자존심을 갖게 하는 경우도 있다. 경우에 따라서 하기 어려운 말을 부드럽게 할 수 있는 분위기를 조성해야 할 필요가 있고 하나의 괴로운 명제에서 다른 하나의 즐거운 명제로 유연하게 넘나들 수 있는 여유를 허용하는 상담을 해야 할 필요가 있다.

2) 비 반응적인 상담사

비 반응적인 상담사는 부적절한 인상을 갖게 할 수 있다. 예를 들면 "내담자가 우리 아이들의 사진을 한 번 보시겠습니까?"라고 물었을 때 상담사가 이것도 저것도 아닌 엉거주춤한 반응을 보였다면 내담자는 무관심한 상담사의 태도를 경험하게 될 것이다. 그러나 내담자가 보여 준 사진을 보고 공감을 표시했다면 내담자는 상담사의 태도에서 나름대로 따뜻한 느낌을 받았을 것이다. 이는 사진을 통해서 편안한 마음을 가질 수 있는 공감적 이야기를 전해줄 수 있기 때문이다. 즉 상담사는 사진 속에 있는 아이들이 누구를 닮았다든지, 느낌을 말하든지, 그것도 아니면 그 사진을 보여 준 내담자의 관심에 대해 정중한 예의를 표시하여야 한다. 이를 통하여 상담사는 내담자와의 관계를 향상시키려는 노력이 있어야 한다.

3. 전이

정신분석에서는 현실검증 과정에 전이를 동원하는데 이는 내담자에게 일어나는 전이가 현실이 아님을 알게 하는 과정을 통해서 문제해결을 시도한다. 내담자는 현실검증 과정을 통해 공상과 현실을 구분하게 하며 고착되었던 에너지가 해방되고 조절능력이 향상된다. 이 과정에서 내담자의 관찰자아를 강화시킴으로써 현실을 객관적으로 조망하게 되며 자기공상을 깨닫게 되고 전이감정으로부터 탈동일시가 일어난다(성승연, 2006: 8). 전이는 내담자가 자신의 삶에서 중요한 사람들에 대한 과거의 감정과 애도를 상담사에게 투사하는 과정이다. 전형적으로 전이의 근원은 초기 아동기이고 과거의 내용이 반복되는 형태를 띤다. 이로 인해 내담자가 상담사를 지각하고 반응하는 방식이 왜곡된다(Corey et al, 2007, 서경현, 정성진 역, 2008: 57). 또한 전이는 내담자가 어린 시절에 중요한 타자에 의해서 무의식 속에 각인된 행동과 정서적 반응 패턴을 현재 그의 생활영역 안에 있는 제 삼자에게 전치하는 과정이다. 이러한 전이는 내담자의 정서적 발달과정의 여러 단계를 재창조하는 것이고 그의 생애에서 가장 중요한 사람을 향한 복잡한 태도의 반영일 수 있다. 임상적 현상과 관련된 전이의 일반적인 양상은 쉽게 인지될 수 있다. 상담 장면에서 상담사의 중립적 입장과 부모대리 역할을 하고 있는 심리적 위치 때문에 상담사에게 전이가 촉진된다. 그러나 상담사를 대하는 내담자의 반응이 사실에 근거하고 합리적이라면 전이가 아니다.

내담자의 주된 문제로 갈등을 일으키는 생각과 감정들은 강렬한 소망과 사랑 또는 증오 등의 형태로 상담사에게로 전이된다. 내담자는 당혹스럽거나 사소한 생각들이라며 말하기를 거부하는데 그러한 생각들이 상담사와 관련된 것일 때 더욱 그렇다(Mitchell & Margaret, 1996, 이재훈, 이해리 역, 2002: 36). 긍정적 전이는 상담사를 대하는 내담자의 긍정적 반응 전체가 여유를 보일 때 일어나는 심리현상이다. 이는 내담자의 반응이 진실한 전이였을 때로 국한된다. 진실한 전이는 어린 시절에 경험했던 그대로의 태도와 정동을 전치하는 것이다.

이와 함께 내담자가 상담사에게 보이는 감정적 반응을 프로이트는 전이라고 하였는데, 이는 내담자가 과거의 경험을 토대로 한 신경증적 행동양상을 상담사에게 옮겨놓고, 어린 시절에 권위 있는 사람에 대해 가졌던 것과 동일한 감정과 갈등을 현재의 상담사에게서 느낀다고 보았다. 신경증적인 과거가 상담사와의 관계에서 현재의 실험적 신경증 형태로 신경증적인 과거가 재현되는 것을 프로이트는 전이 신경증이라고 불렀다. 전이 신경증은 실제 생활에서의 신경증이 다소 완화된 것이고, 분석 안에서 단계적으로 치유되어진다(Alexander et al., 1946: 17). 상담사와 관련된 현실적인 것들은 초기 전이과정에서 시작될 수 있다. 나이, 성, 태도 그리고 사회적 배경들이 내담자의 반응을 경직되게 하고 내용을 결정하는데 영향을 미친다. 예를 들어 남자 상담사는 남자 내담자에게 경쟁적 반응을 조장할 가능성이 많고, 여성 내담자로부터는 성애적 반응을 가지게 할 수 있다. 그리고 상담사가 젊게 보인다든지 수련 중인 상담사로 보일 때에는 초기 상담과정에서 그러한 전이에 영향을 줄 수 있다.

4. 임상적 표명으로써 저항

저항의 여러 종류들은 상담 장면에서 흔히 나타나는 증상들이다. 첫 저항은 상담 중에 의사소통의 형태에 의해서 표현되는 저항이며, 그러한 전이는 쉽게 인지되어진다. 또한 침묵을 지키고 있을 때에도 불편한 저항이다. 내담자가 "마음속에 떠오르는 것이 아무 것도 없습니다." 또는 "말할 것이 아무 것도 없습니다." 등으로 전이가 설명되어질 것이다. 일단 초기 치료과정이 지난 다음에 상담사는 내담자가 말을 할 때까지 조용히 앉아서 기다릴 수 있다. 경우에 따라서 침묵도 치료의 한 과정이다. 상담 초심자들은 상담을 계속 진행시키려는 욕심만으로 적합하지 않는 책임을 내담자에게 전가시킴으로서 보다 더한 침묵을 자극하는 일을 초래할 수도 있다. 예를 들면 "예", "아니오"

와 같은 대답만을 할 수 있는 질문을 한다든지 말을 계속 시키기 위해서 사지선다형 식의 질문을 할 수도 있다. 그러한 질문은 내담자의 자발성을 제한시키고 자유롭게 생각이 떠오르는 것을 차단해 버리는 결과를 가져온다. 따라서 내담자의 마음을 열 수 있는 올바른 질문만이 내담자로 하여금, 상담과정에서 벗어난 관심을 상담 장면 안으로 이끌어 들일 수 있다.

내담자가 약속시간을 자주 변경해 달라는 요구 또한 하나의 저항이다. 때로 내담자들은 약속시간 그 자체를 완전히 잃어버리고 그에 대한 관용을 베풀어주기를 바랄 수도 있다. 이것은 일종의 힘의 견제 내지는 힘의 싸움이라고 할 수 있다. 그리고 상담사가 내담자의 일정에 맞추어 약속시간을 자주 바꾸자고 하는 것은 내담자를 정말로 만나기를 원한다는 것을 의미한다. 상담사는 내담자의 동기를 이해해야 할 필요가 있다. 내담자의 요구가 지나치거나 만나는 것이 짐스러울 때에 상담사는 내담자에게 그렇게 만나고 싶은 생각이 없다는 것을 말할 수 있어야 된다. 상담사가 내담자의 요구를 거부하는 것을 말할 수 없다면 이는 곧 그의 내담자를 불쾌하게 만드는 것에 대해 두려워한다는 것을 의미한다. 정동의 표현은 의미 있는 의사소통을 하는 것에 대한 저항으로써의 역할을 한다. 과격한 정서적 표현은 히스테릭 (hysterics)한 내담자가 보이는 일반적인 행동이다. 지루함과 같은 정동은 강박적 사고와 가깝다. 예를 들면 계속적으로 화를 내는 경우는 상처받은 자존심을 방어하기 위한 것이다. 많은 경우에 있어서 행복한 내용의 상담진행은 상담 중에 우울증과 불안감을 피하고 충분한 정서적 만족을 얻을 수 있는 것에 대한 저항을 가리킨다. 이러한 상담은 내담자를 탐색하는 과정을 다루는 것에 불과할 뿐 더 이상 그러한 만족을 제공하지는 못한다. 의사소통의 형태는 지나치게 시무룩해진다거나 과격한 행동을 하는 등의 저항이 있을 뿐이다.

내담자는 성적 감정뿐만 아니라 적대적인 감정이 최고의 흥분상태에 있을 때 상담사에게 사랑과 성을 요구함으로써 충족하고자 한다. 이러한 욕구가 현실생활에서 얻을 수 있었다면 내담자는 상담사로부터 그것을 갈망하지 않았을 것이고 상담과정에서 그것을 추구하지 않았을 것이다. 이는 삶에 있어서 만족스러워야 할 결혼생활의 실패를 의미한다. 상담사는 내담자가 갈망하는 실제 생활에서의 만족을 발견하도록 내담자를 도울 수 있는 방법은 내담자로 하여금 내적인 장애물을 제거하도록 돕는 것이다(Saul, 1972, 이근후 외 역, 1992: 232). 이와 함께 성적인 감정은 상담에서 일찍 나타날 수 있는데 이는 심각한 병리임을 나타내거나 또는 성적인 감정이 전술적 방어로 사용되고 있음을 나타낸다. 남성 내담자는 여성 상담사에게 성적 이끌림에 관해 이야기하기도 한다(Selva, 2004, 김영란 외 역, 2009: 230).

Ⅲ. 상담사

1. 상담사

심리치료를 위한 상담의 주요 도구는 상담사 자신이다. 상담사의 스타일, 상담기법, 가치관, 그리고 다른 사람을 얼마만큼 이해하고 수용하는가 하는 감수성은 그가 상대하는 내담자와 모든 사람에게 영향을 미친다. 상담사에 따라 많은 변수가 있기는 하지만 상담 초심자들은 보편적으로 비슷하지만 문제를 가지고 있다.

상담 초심자는 상당한 긴장과 불안을 갖게 되며, 이러한 긴장과 불안은 대부분 내담자에게 어떻게 반응해야 하고 문제를 어떻게 해결해 나가야 하는지 막연하기 때문에 생긴다. 또한 내담자의 문제가 무엇이든 그의 이야기를 다 듣고 필요한 대답과 반응을 보여 주었는데 내담자가 아무런 반응 없이 난색을 지을 때, 상담사는 자신을 무능하게 여기거나 내담자 측에서 자신을 무능하게 여기지 않을까 하는 두려움을 느끼게 된다(이장호 외, 2008: 146). 상담 초심자는 경험이 있는 동료보다 더 많이 불안해한다. 그의 불안감을 자제하기 위해서 활성화시킨 방어기제는 내담자의 감정적 반응에 합당한 개입을 할 수 있는 감수성을 제거한다. 젊고 자기 신념이 없는 상담 초심자라고 할지라도 내담자의 두려움을 조용한 태도로 받아들이고 그의 마음을 어루만져 준다면 신임을 얻을 수 있고, 그가 받고 있는 상담에 대해서도 확신을 갖게 할 뿐만 아니라 자기 자신이 상담사로서의 힘을 기를 수 있는 계기가 된다.

상담초심자들이 가지고 있는 진단에 대한 태도는 일반적으로 그들이 내담자로 만나기 전에 이미 가지고 있었던 진단적 선입견이 그들의 진단과정에 영향을 미친다. 상담사의 선입견 때문에 영향을 미칠 수 있는 것은 초기상담을 통해서 이끌어 내야 하는 중요한 정보를 제대로 끌어낼 수 없다는데 있다. 상담 초심자들의 성향은 지나치게 많은 질문을 해서 내담자의 사고 진행을 방해한다. 그러나 경험을 쌓게 되면 그가 질문한 것에 대해서 내담자의 대답 여부를 알 수 있게 되고, 때로는 더 많은 이야기를 계속할 수 있도록 가벼운 용기를 줄 수도 있다. 전문 상담사로서 확신이 생기면 내담자가 말하는 내용을 들을 수 있게 된다. 그리고 말속의 말을 찾게 되고 내담자의 마음을 힘들게 하고 있는 부분에 관해서 구체적으로 말할 수 있도록 지지하고 독려하게 될 것이다. 이와 함께 경험이 없는 상담사라 할지라도 지도감독자 밑에서 철저한 지도감독을 받는다면, 상담경험이 많은 유능한 상담사가 상담을 하는 것과 같은 수준 높은 상담을 할 수 있다. 그러나 정신병리를 위한 상담에 대한 지도감독은 일률적으로 할 수 없다. 그러기 때문에 상담하는 기술을 습득하기 위해서는 여러 해가 걸린다.

한편 내담자의 증상과 기술적 진단이 예후적으로 가치가 없다는 것은 아니지만 그것은 단지 지침으로써 조심스럽게 사용되어져야 하며, 상담초심자는 인내하면서 역동을 찾아내는데 끈기 있게 노력해야한다. 또한 내담자의 저항과 위험스런 경우에 대해서도 알게 된다(Saul, 1972, 이근후 외 역, 1992: 97). 상담사가 정신역동학에 지나치도록 집착되어 있다면 정신병리를 적당히 묘사할 수 없거나 아니면 그것을 무시하는 실수를 범할 수 있다. 정신병리학과 정신역동학에 대한 폭넓은 지식만이 내담자의 이러한 증상을 탐색하도록 할 수 있게 된다. 어떤 면에서 경험이 없는 상담사는 신체조직학을 공부하는 학생이 현미경을 처음으로 들여다보았을 때 굉장히 아름다운 것을 많이 볼 수 있는 것과 비슷하다. 그러나 경험을 많이 할수록 조직과 그 조직들 간의 관계를 알 수 있게 되고 주위로부터 흩어져 간 이전의 것들이 섬세한 많은 조직들로 이루어져 있다는 것을 인식하게 된다.

2. 역전이

　상담사가 내담자에게 느끼는 전이를 역전이라고 한다. 역전이가 일어나면 상담사 마음은 자신의 역전이에 빠져서 내담자는 마음에서 사라지게 된다. 따라서 상담사 자신이 역전이를 스스로 깨달아서 벗어나든지 아니면 자기를 지도하는 슈퍼바이저에게 상담을 받아야 한다(이동식, 2009: 339). 상담사가 내담자에게 보이는 정서적 반응은 두 가지로 나누어진다. 첫째는 내담자의 현실과 관련된 것에 대한 반응이다. 상담사는 역전이의 영향을 받지 않고서도 내담자에게 보이는 이러한 느낌은 내담자가 일상생활 속에서 만나는 다른 사람으로부터 받고 있는 것들이다. 역전이 반응은 상담사 개인에 따라서 특이하다. 상담사의 역전이는 내담자가 상담사의 과거에 있었던 중요한 사람으로 느껴지는 것에서 비롯된다. 상담사의 신경질적 패턴과 상담사가 중히 여기는 과거의 인물과 실제로 많이 닮은 내담자의 경우에는 강한 역전이 반응을 보일 수 있다. 예를 들면, 형제와 심한 경쟁적 관계에 있었던 상담사는 자기와 비슷한 나이를 가진 내담자를 만났을 때 비이성적인 반응을 보이는 것보다 강한 역전이 반응을 보인다. 만일 모든 내담자들에게 이러한 반응을 보인다면 문제는 훨씬 더 심각해진다.

　이러한 역전이 반응은 전이에서 논의할 때에 사용했던 것과 같은 범주들로 구분되어 진다. 그러한 반응은 해결을 하지 못한 정서적 갈등을 크게 가지고 있는 상담 초심자들에 의해 보다 자주 나타난다. 상담사는 내담자가 자기를 인정하느냐 또는 칭찬하느냐에 따라서 그의 정신적인 분위기가 좌우되고 반대로 내담자가 적개심을 보이거나 심한 비판을 했을 때는 좌절과 분노의 느낌을 가지게 된다. 상담사의 사생활에 필요한 감정적 만족을 박탈당하지 않는 한 내담자를 이러한 방법으로 잘못 이용하려 하지 않는다. 경험이 많은 상담사는 특정한 내담자와 오랜 기간 동안 상담을 할 경우에는 그 내담자가 상당히 중요한 사람으로 상담사의 마음에 부각되기 때문에 경우에 따라서는 지나친 친절을 보일 수도 있지만 치료적 관계를 방해할 수 있을 정도의 친절은 베풀지 않는다. 상담사가 어떠한 증상을 해석할 때 그 해석에 일괄성이 없고 정확성이 없다고 할지라도 그 해석을 다시 검토하고자 하는 의욕을 갖지 않을 뿐 아니라 재해석을 회피하는 경향이 있다. 자기는 과오를 범하지 않는다는 이러한 주장은 그 상담사가 그 이전의 상담을 잘못 다루었거나 아니면 내담자를 정확하게 이해하지 못했던 경험을 부인하기 위한 하나의 자기방어이다.

3. 상담사의 역할

상담사의 역할 중에서 가장 중요한 역할은 내담자의 말을 경청하고 내담자 자신을 철저하게 이해하는 것이다. 간혹 고개를 흔든다든지 "네, 네!" 하는 것은 내담자로 하여금 상담사가 그의 말을 열심히 듣고 있다는 것을 인식하게 한다. 더욱이 공감적 말을 해야 할 필요가 있는 적당한 기회가 주어진다면 그러한 말을 직접 표현함으로써 필요한 관계형성을 하는데 도움이 된다. 일반적으로 상담사는 비 판단적 이어야 하고 관심을 보여야 하며 친절해야 한다. 상담사는 자주 질문을 해야 하고, 그리하여 필요한 정보를 수집하여 내담자와 상담사 자신을 올바르게 이해하고 있는지 명료화해야 한다. 질문은 증상과 관련된 어떤 것을 암시하는 형태를 취할 수 있고, 또 음성 그 자체가 전문가로서의 질을 함축하고 있어야 한다. 그리하여 내담자로 하여금 내담자가 원하는 말 또는 하고 싶었던 말을 허용한다는 암시가 내담자에게 전해져야 한다.

1) 상담사의 암시

상담사는 은유적이고 노골적인 암시를 할 수 있다. 상담사의 암시는 언제나 내담자가 보다 더 좋은 결과를 도출해 낼 수 있는 상담을 받고 있다든지, 받을 수 있다는 것을 기대해도 된다는 것을 전할 수 있어야 한다. 상담사가 던지는 질문은 꿈이나 그 밖에 관심사를 이야기하는 기대가 들어 있다는 느낌을 줄 수 있다. 심리치료에 있어서 상담사는 어떤 중요한 결정에 대해서 그 결정을 행동으로 옮기기 전에 논의를 해보자는 암시를 할 수 있고 내담자의 과거에 있었던 중요한 사람에 대한 어떤 느낌에 대해서는 논의해서는 안 된다는 암시를 할 수 있다.

2) 상담사의 지지

상담사는 상담과정에서 내담자를 만족시켜 줄 수 있고, 좌절시켜 줄 수도 있다. 상담사는 내담자에게 관심을 갖고 내담자를 이해하고 용기를 북돋아 주고 지지함으로써 도움을 준다. 상담사는 부모와 같은 역할을 한다. 그렇게 때문에 상담사는 내담자가 친근한 느낌을 가질 수 있도록 해야 한다. 내담자가 자신 없어 하며, 말을 머뭇거린다면 상담사는 지지와 격려를 통해서 말을 하게 함으로써 내담자의 능력을 재확인시켜 주어야 한다. 그러나 "걱정하지 마십시오, 잘 될 것입니다."라는 등의 아주 일반화된 말은 대부분의 내담자에게는 의미 없는 말로 들릴 뿐이다. 그렇기 때문에 내담자의 처해진 상황과 여건을 이해하고, 그 이해를 바탕으로 내담자의 불안한 심리현상을 제거하고, 자신감을 가질 수 있도록 지지해 주는 말을 해주는 것이 바람직하다. 동시에 상담사는 내담자의 증상을 제거할 수 있는 방법을 모색하고, 만족한 결과를 가져올 수 있는 상담을 진행시켜야 한다. 이러한 상담의 목적을 달성하기 위해 상담사는 내담자를 아프게 하고 좌절시키는 갈등을 불러일으키는 문제라 할지라도 그러한 문제를 제거하기 위한 상담에 적극적으로 참여할 수 있도록 독려하고 지지해야 한다.

3) 통찰

통찰은 내담자 자신이 가지고 있는 증상과 상황에 대한 심각성을 얼마만큼 정확하게 이해하고 인식하고 있는지 알아보는 것이다. 내담자가 병을 가지고 있다고 생각하거나 또는 자신에 대해서 어떤 특정한 해석을 어떻게 하는지를 말한다. 상담사는 내담자에게 그가 앓고 있는 질환을 상담사, 친구, 친척들 때문에 앓게 되었는지, 병을 갖게 된 원인을 어떻게 생각하는지, 그가 말한 것이 사실이라고 생각하는지를 알아본다. 때로는 상담사가 내담자에게 가지고 있는 질환을 어떻게 치료했으면 좋겠는지 물어 보는 것도 도움이 된다. 그가 앓고 있는 정신적인 질환과 정신병이 어떤 의미인지 모를 수도 있으며, 이에 대한 마음을 표현하지 못할 수도 있다. 이러한 내담자에게 병의 원인에 대하여 인식이 가능하도록 하는 것이 통찰이다. 통찰은 내담자가 병의 원인을 확인할 수 있을 때까지 계속해서 하여야 된다.

표준 정신분석에서는 내담자에게 억압된 갈등의 성질에 대한 통찰을 갖도록 하는 것이 필요한 정서적인 재조정을 일어나게 하는 가장 효과적인 수단이다. 그러나 무의식적인 갈등을 이해하고 시도하는데 협조적인 내담자에게만 적당한 방법이다. 내담자에게 통찰을 하도록 시도하는 것은 그러한 통찰을 견딜 수 있는 내담자에게만 가치가 있다(Alexander et al., 1946: 127).

4) 해석

해석은 무의식적 갈등이 의식 수준에 떠올려지도록 허용하는 자아의 변화와 성격의 다른 기능적 체계의 변화를 통하여 다양한 정신장애의 원천적 결정인자들을 변형하거나 제거하도록 하려는 것이다. 따라서 적절한 해석은 내담자의 의식수준에서 전혀 알려져 있지 않았던 것을 내담자가 자각하도록 하여 준다(Mann, 1973, 박영숙, 이근후 역, 1993: 64). 정신분석치료에서는 내담자가 자신의 억압된 갈등을 통찰하고 전이현상을 이해할 수 있도록 돕기 위해 치료자가 내담자에게 제공하는 해석을 강조한다. 합리적-정서치료자들은 내담자 문제의 잠재적 원인으로써 그의 비합리적 신념을 지적할 것이며, 행동치료자들은 아마도 더 간접적이겠지만 학습이론에 바탕을 둔 설명이나 해석을 제공할 것이다. 치료자가 확신과 식견을 가지고 제시하고 내담자가 의미 있게 받아들이기만 한다면, 설명, 해석, 이론적 근거의 내용이 무엇인가 하는 것은 중요하지 않다. 이것은 모든 심리치료들에서 공통적인 중요한 특징이라고 생각한다(Garfield, 1998, 권석만 외 역, 2006: 49-50).

정신분석적 배경을 가진 상담사는 상담 장면에서 해석을 동원한다. 해석의 목적은 억압된 과정을 취소하기 위한 것이고, 무의식적 사고를 허용하는 것을 만들지 않고, 갈등을 대체할 수 있는 새로운 방법을 모색하도록 해주기 위한 것이다. 해석의 초기단계는 내담자가 어떤 것을 회피하고 있다는 것과 그것을 명료화해 주기 위해서 고착된 현상을 탐색할 수 있도록 대결시키는 것이다. 해석의 완결은 내담자의 최근의 생활에 나타나는 행동 패턴 속에 병원적 실체를 명료화해 주는 것이고 소망과 두려움 사이에 근본적인 갈등을 볼 수 있도록 해주는 것이다.

해석은 저항과 방어를 하는 그 내용을 중심으로 해서 이루어진다. 일반적으로 해석은 의식과 가장 가까운 곳에 있는 고착으로부터 시작한다. 이러한 고착은 내담자가 피할 수 없었던 무의식적인 충동에 대한 것보다는 방어를 하고 있는 그 내용에 대한 것을 해석한다는 것을 의미한다. 실제 상담에 있어서 어떤 하나에 대한 해석은 저항과 저항의 내용을 대상으로 하고 대체로 여러 차례에 걸친 해석을 되풀이한다. 하나의 주어진 문제에 대한 해석이라 할지라도 그 해석의 전후과정을 왕복하면서 되풀이하는 것은 그 저항과 저항에 들어 있는 내용의 요인들이 다양하기 때문에 그 다양성을 발굴하기 위한 방법으로써 되풀이된 해석을 하는 것을 원칙으로 한다. 초기의 해석은 심각한 의식적 불안분야가 목표가 되는데, 그 이유는 내담자의 저항과 전이증상으로서 표출되는 증상이 지금 여기에 나타나고 있는 증상이 되기 때문이다. 무의식 속에 있는 저항과 전이의 형태가 전 의식 영역으로 부상되기 전까지는 해석이 불가능하다. 따라서 상담사는 무의식 속에 있는 저항과 전이의 양상이 전의식 영역으로 부상될 때까지 기다렸다가 해석하는 여유를 가져야 한다.

심리성향 사정

심리성향 사정은 상담을 하기 위해서 상담초기에 내담자의 증상과 관련된 정보를 알기 위해서 수집한 자료를 살펴보는 것이다. 이 사정을 위한 자료 수집은 첫째는 개인의 생활사, 둘째는 정신적인 상황, 셋째는 증상의 특성에 대한 것에 초점을 맞춘다. 그러나 이러한 순서는 일정하게 정해진 규칙에 의한 것은 아니고, 상담 자료를 수집하기 위한 상담과정에서 얻게 된 정보들을 재정리해서 얻어야 할 결과적 순서이다. 개인의 생활사는 심리적 상황과 관련된 내용들로 그 상황을 직접적으로 관찰할 수 없기 때문에 상담사의 주관적 생각에 의존한다. 예를 들면, 환각, 공포증, 강박적 사고, 자기 상실감, 주체성 상실, 망상, 정동 상태 등을 말하는데 이는 내담자 자신의 심리정신적인 상황이다.

Ⅰ. 내담자의 생활사

1. 생활사 기록

내담자의 생활사는 내담자가 가지고 있는 증상을 진단하고 이해하는데 도움이 된다. 내담자의 생활사를 현재의 증상과 관련하여 과거사와 가족사를 체계적으로 기록하는 것은 내담자의 증상을 이해하는데 도움을 준다. 내담자의 과거사는 영아기, 아동기, 청소년기, 성년기로 분류해서 수집 기록한다. 상담사는 이론적 배경과 전문적 기술을 중심으로 내담자에게 질문하여 증상과 관련된 정보를 이끌어내야 한다. 대부분의 내담자들은 그들의 생활에 대한 정보를 연대별로 정리하여 말하지 않는다. 그렇기 때문에 상담 초심자들은 내담자로부터 얻은 생활사에 대한 정보를 간편한 문장으로 일목요연하게 연대별로 정리할 수 있는 준비를 해야 하고, 그렇지 않은 경우에는 이러한 생활사를 과학적으로 정리할 수 있는 연습을 해서 내담자의 생활사를 잘 정리하여 제시할 수 있도록 해야 한다. 일반적으로 상담 초심자들은 내담자의 생활사에 대한 정보를 대략적으로 모아 놓기 때문에 내담자의 생활사를 이해하는데 혼선을 빚게 한다. 내담자의 심리상태적 생활사는 사진과 같이 간단명료하게 제시해야 하고, 내담자의 강점과 약점을 제시할 수 있어야 한다. 이와 함께 생활사는 내담자와 가장 가까이 지내는 사람들과의 인간관계를 볼 수 있어야 한다. 또한 내담자의 문제를 치료하는 필요한 양만큼의 적절한 정보를 기록하여야 한다.

2. 심리적 생활사

심리적 생활사에 대한 정보가 부족하면 내담자의 정서적 갈등을 발견하는데 어려움이 많고, 내담자의 증상에 대한 증상학적 단서를 찾아내는데 어려움이 있다. 만일 상담사가 내담자의 심리학적 증상과 관련된 경험을 직설적으로 물어 본다면 내담자는 그가 가지고 있는 갈등과 증상 그리고 주관적으로 불편한 느낌 사이의 인과관계를 효과적으로 설명하는데 어려움을 갖게 된다. 직설적인 질문은 지성화를 조장할 수 있다. 따라서 증상이 시작된 내용과 발달과정에 대한 질문을 하는 것이 직설적인 질문보다 효과적인 정보를 얻어내는데 도움이 된다.

예를 들면, 중요한 인간관계의 변화, 잦은 이사, 직장을 자주 옮긴 것에 대한 질문과 대답이 내담자의 증상과 관련된 실마리를 푸는데 도움을 줄 수도 있다. 심리적 단서는 그가 무슨 말을 하는지 전혀 알지 못하고 한 말 가운데 들어 있을 수도 있다. 그렇기 때문에 심리상태와 직접적인 관계가 없는 일이라 할지라도 증상을 설명할 수 있는 내용과 관련된 가까운 일에 대한 질문을 하는 것이 필요한 정보를 이끌어 내는데 도움이 된다. 특히 가족에 대한 말을 할 때에 누구에 대한 말을 먼저 하는가의 순서에서 내담자에게 영향을 미친 정도와 그 사람에 대한 중요성의 순서를 알 수 있다. 그 밖에도 내담자의 어린 시절에 대한 경험과 느낌을 알아보기 위해서 "어떻게 살아오셨는지 말해 줄 수 있나요." 또는 "어린 시절은 어떻게 보냈나요." 등의 질문을 할 수 있다. 이러한 질문이 대부분의 경우 내담자의 발달과정에 대한 이야기를 듣는 것으로써 내담자의 상담을 유연하게 이끌어 가는데 필요한 윤활제의 역할이 된다.

3. 정보수집

보편적으로 상담은 현재의 생활에서부터 문제의 증상과 관련된 사안들을 탐색하는 순서로 진행된다. 이는 곧 상담이 현재 내담자가 가지고 있는 주요 불평으로부터 시작해서 내담자가 불평을 하는 증상의 발달 과정을 알아보고 이와 관련된 정보를 수집하는 과정을 적는다. 예를 들면 내담자가 사용하는 말 중에 "민감해"나 "과민반응"이라는 말을 사용하면 그 말의 의미가 무엇인가에 대해서 물어 본다. 이러한 상담의 흐름은 논리적이어야 하고, 발전적이어야 하며, 내담자의 정신세계를 탐색하여야 한다. 내담자의 정신집중이 불가능하고, 심각한 인지적 결함을 보일 때 이와 같은 상담방법은 효과적으로 기능을 한다. 따라서 내담자를 대상으로 한 질문은 자세히 해야 하고, 구체적인 내용을 질문해야 한다. 그리고 불안과 고통스러운 정동을 갖게 한 원인과 관련된 것들을 관리할 수 있는 내담자의 능력의 유무에 관해서 알아보는 것이 매우 중요하다.

내담자가 이러한 능력을 전혀 가지고 있지 못하다면 상담사는 내담자의 불안을 경감시키는 노력을 해야 하고, 대답하기에 어려운 질문이나 불안을 조장하는 질문을 강요하는 것보다는 다음 기회로 미루는 것이 좋다. 이와 함께 이상심리와 관련된 의약품, 알코올, 마약, 본드, 부탄가스 등의 사용에 대한 유무를 알아본다. 또한 이전에 성격장애 때문에 고통을 겪은 적이 있는지, 상담을 받은 적이 있는지, 정신병원에 입원한 적이 있는지에 대해서 물어 본다. 이와 더불어 출생과정과 초기 성격발달 과정, 학업성적, 경력, 반사회적 행동이나 그 행동으로 인해서 법과 관계가 있었는지, 결혼의 역사, 결혼을 하지 않았으면 결혼을 하지 않은 이유, 군 경험, 그리고 대상관계 등을 물어 본다. 이러한 질문을 답하는 과정에 지적인 결함이나 심각한 주의력의 결핍이 있는지 없는지에 대해서 알아본다. 상담이 끝날 무렵에는 더 말할 것이 있는가, 아니면 특별하게 물어 볼 것이 있는가에 대해서 반드시 물어 본다. 이때 질문은 자세한 설명을 피하고 간단명료하게 대답한다. 그리고 차후의 약속시간에 대해서도 의논해야 하고 다른 상담사나 특별한 프로그램에 보낼 것인지 아니면 초기상담을 한 상담사가 이 내담자를 끝까지 계속해서 상담할 것인지에 관한 것을 의논해야 한다.

II. 내담자의 성향

1. 외형, 동작 상태, 행동

내담자의 외형과 행동을 자세히 기록해야 한다. 이 기록은 내담자가 어떤 사람인지를 알 수 있게 하고, 어떠한 특징을 가지고 있는지를 분명히 알아 볼 수 있도록 해야 한다. 이러한 기록을 통해서 다음과 같은 것을 알 수 있다.

1) 일반적인 외형

신체적 특징, 얼굴에 나타난 연령, 옷차림의 특성, 청결 정도, 화장 정도 등을 알 수 있다.

2) 동작 상태

자세는 몸을 움직이거나 가누는 모양 또는 사물을 대할 때 가지는 마음가짐이나 태도로서 움츠리고 있는지, 엉거주춤하고 있는지, 서 있는지를 알 수 있다. 걸음걸이는 신발을 끌고 걷는지, 비틀거리고 걷는지, 굳은 자세로 걷는지, 제스처는 틱, 얼굴 찡그림, 절름발이, 경직성, 몸 떨림, 피부의 이상한 면을 뜯어내기, 틀에 박힌 행동 등을 알 수 있다. 활동은 지나치도록 과격하게 활동을 하지 않는지, 의식적으로 산만하게 하지는 않는지, 틀에 박힌 행동, 우아함, 다른 사람의 제스처를 계속 따라 하는지를 알 수 있다. 얼굴표정은 긴장, 걱정, 슬픔, 행복, 겁에 질린, 아픔, 분노, 냉소, 무아지경, 황홀, 소리 내는 웃음, 소리 없는 웃음, 의심 등을 알 수 있다.

3) 행동

무관심함, 노골적임, 친근함, 당황함, 도움을 구함, 애매모호함, 두려워함, 화가 남, 시무룩함, 원망함, 분개함, 안절부절함, 비난함, 성애적임, 벌거벗기, 노출하기, 연극적, 충동적 등을 알 수 있다.

2. 언어구사의 특성

내담자의 언어구사의 태도는 상담사에게 그의 사고과정에 어려움이 있다는 것을 알 수 있도록 한다. 심리·정신적 장애를 들어내 보이는 언어구사의 흐름의 샘플을 채취하는 것이 필요하다.

1) 내담자의 언어구사 특성

상담 장면에서 내담자가 사용하는 언어의 특징에 따라 많은 정보를 알 수 있게 된다. 따라서 내담자의 목소리가 부드러운지, 고성인지, 더듬는지, 머뭇거리는지, 이상한 억양을 쓰는지, 사투리 등을 기록한다.

2) 속도와 양

언어 사용의 비율이 어떤 쪽에 많이 치우쳐져 있는지 그리고 신체적 동작과 언어사용간의 관계를 관찰한다. 예를 들면 주제에 치우치는지, 정동에 치우치는지, 지나치게 말을 많이 하는지 아니면 적게 하는지, 질문을 했을 때 지적인 결함으로 인해 대답을 지연시키는지 아니면 두려움과 의심 또는 언어구사상의 어려움 때문에 말을 잘 못하는지(정신지체가 아닌 경우)를 관찰한다. 이와 함께 언어구사상 말의 내용과 관련의 유무, 목적의식을 분명히 하는 논리적 접근의 유무, 모호한 사고나 구조상 맞지 않는 말의 사용 유무, 생각의 논리적 유대의 유무 등을 살펴본다. 또한 논리성이 취약할 경우에는 말의 샐러드(word salad)를 만드는 경우가 있으며, 이는 스스로 창안해 낸 말과 문장을 사용하기 때문이다.

3. 특이 사항의 관찰

1) 말의 샐러드

말의 샐러드(word salad)는 언어구사의 비정상적 패턴으로써 많은 언어를 한데 뒤섞어 논리성과는 무관하게 아무렇게나 말을 해 버리는 것이다. 이는 여러 가지 야채를 그릇에 넣고 그것들을 섞어버리는 것과 같은 것을 의미한다. 이러한 언어는 주로 정신분열증 환자나 실어증 환자에게서 흔히 볼 수 있는 현상이다.

2) 보속증

새로운 대답을 만들어 내려는 노력에도 불구하고, 앞에 했던 말이 계속적으로 다시 하는 언어 사용의 한 형태이며, 계속해서 되풀이 하는 것이다. 그리고 이유를 알 수 없는 자극으로 인해서 특정한 기억이나 생각 또는 행동이 계속되어 표출되는 현상을 말한다.

3) 사고의 비약

표현된 언어 사용에 일관성 있는 패턴이나 초점이 없으며, 사고와 이미지의 단편적인 흐름이 계속되는 상태로서 때때로 양극성 감정 장애의 조울 단계에서 관찰되어지는 현상이다. 계속적으로 많은 말을 하지만 그 말속에 들어 있는 생각들이 단편적으로 조각이 나 있는 상태를 지칭한다. 즉 문장과 문장 사이에 연결이 조각난 문장들 간의 우연한 결합에 의해서 결정된 상태를 말한다. 어떠한 형태의 일괄성이나 느슨하게 결합된 관계가 있을지라도 말하는 방향이 우연한 기회에 주어진 정신내부 또는 외부로부터 온 자극에 영향을 받는다. 따라서 질문에 대답하기 위한 목적이거나 아니면 다른 어떤 목적이든 간에 방향을 잃고, 그 목적하는 바를 얻지 못하는 것이다. 이는 대체적으로 믿음 속에 성장하지 못한 사람들에게서 나타난다.

4) 상황성

언어사용의 한 형태로서 부적절하게 말을 하거나 아니면 해야 할 핵심적인 주제의 주변을 맴도는 말만하고, 핵심에 대한 것을 말하지 못하는 상태를 가리키는 말이다. 이는 주제를 말하는 것을 지나치게 늦추는 언어사용의 한 패턴이지만, 잘 이끌어 주면 본론에 도달할 수 있게 된다.

5) 지리멸렬

사고 진행이 와해되어 논리적 연결이 없고 의미론적으로도 파괴된 언어로 도무지 줄거리를 알 수 없는 얘기를 계속하는 경우로, 사용하는 말은 문장구성이 엉망이며, 서로 연결성 없는 단편적인 문장이나 구절로 이루어진다. 즉 사용하는 말이 조리가 없으며 비논리적이다. 정신분열증에서 보는 연상이완(loosening of association)이 전형적 예이다. 예를 들면 말 비빔(Word salad)으로 비슷한 모양으로 명사만 잇달아 쏟아져 나올 때를 말한다. 강한 정서를 지니고 있는 무의식의 갈등체로부터 무질서하게 쏟아져 나오는 관념의 연속으로 이루어지는 증상이다.

6) 차단하기

외부로부터 장애적인 요인과 영향이 없는 상황에서, 말하는 흐름을 갑자기 중단하는 것을 말한다. 이는 대체로 마음속에 가지고 있는 정서적 내용, 망상적 사고, 환각적 현상에 의한 영향 때문에 갑자기 나타나는 현상이다.

7) 함묵증

내담자가 처해 있는 환경을 인지하고 내담자가 대결하고 있는 것이 무엇인가를 분명히 알고 있음에도 불구하고 이에 대한 질문이나 자극에 반응을 보이지 않는 것이다. 따라서 자기가 말하고자 하는 말의 내용을 분명히 알고 있으면서도 그 내용과 관련된 말을 직접 사용하지 못하고 그 말을 대신해서 그 말과 가장 가까운 내용을 가지고 있는 다른 말을 사용하는 경향이 있다. 이러한 경향은 그 말의 흐름 속에서 내담자가 말하고자 하는 말의 진의를 찾아 볼 수 있게 하지만 내담자의 무의식은 하고자 하는 말을 하지 않고 말의 내용과 비슷한 말을 함으로써 하고자 하는 말을 하지 않았기 때문에 사실상 말을 하지 않았다고 생각한다.

Ⅲ. 정서적 상태

1. 감정상태의 인지

상담과정에서 가장 어려운 것 중의 하나가 내담자의 감정 상태를 인지하는 것이다. 내담자의 감정적 상태에 대해 인지하는 것은 정동적 반응의 주관적인 표현과 객관적인 경험의 내용 모두를 이해하고 있어야 가능하기 때문이다. 내담자의 감정 상태를 알기 위해서 상담사는 내담자의 안면표정과 육체적인 동작, 눈물을 보이는 행동, 얼굴을 붉히는 것, 땀을 흘리는 것, 전율, 호흡의 비정상성, 흥분된 상태, 두려움 그리고 우울해 하는 것 등의 객관적 상황을 세밀하게 관찰해야 한다. 다양한 정보는 내담자와 상담사의 관계를 알아냄으로써 얻을 수 있다. 경박함, 육체적 접촉을 위한 욕구 또는 버릇없는 말씨 그리고 비평을 하는 태도에서 내담자의 감정 상태를 알아 낼 수 있다.

주관적인 자료는 "기분이 어떠신가요." 같은 특정한 문제와 관련이 없는 질문을 통해서 수집될 수 있다. 만일 내담자가 "우울해"라는 일반적인 단어를 사용한 대답을 한다면 상담사는 "우울해 그 자체를 어떻게 생각하는지요." 또는 "그것이 어떻게 당신에게 영향을 미치는지요."라고 설명해 보라는 질문을 해서 주관적인 정서를 알아 볼 수 있다. 그 이유는 사람에 따라서 같은 말이라도 다른 의미를 가지고 사용할 수 있기 때문이다.

2. 일반적 정동

일반적인 상황에서의 정동은 이야기를 하고 있는 상황과 주제에 따라서 다르다. 심리·정신적 어려움을 갖고 있는 내담자는 그의 특이한 정서적 장애 때문에 그것을 근간으로 한 고집스러운 정서적 성향을 갖기 쉽다. 만일 우울증과 같은 성향이 있다면 이에 대한 많은 탐색이 있어야 한다. 탐색은 정서적 반응의 정도, 깊이, 집요함을 찾아내기 위한 것에 초점이 맞추어져야 한다.

정동장애는 기분의 장애라고도 불리는 장애로서 우울, 희열과 같은 기분, 즉 한 인간의 지속적인 내적 감정상태의 장애가 결정적인 병리인 장애를 말한다. 기분이 극단적으로 우울한 상태를 우울증이라고 하며, 기분이 충전된 상태를 조증이라고 한다(권육상, 2006: 260). 상담사는 내담자에게 질문을 한다. 울고 있는지, 울고 싶은 느낌이 있는지 아니면 실망을 느꼈는지 또는 자기 자신을 해치고 싶은 생각 때문에 어려움을 겪은 일이 있었는지 등을 물어 본다. 내담자의 감정과 관련된 상담사의 질문에 대한 대답을 주의 깊게 듣고 이를 기록해 두면 그 내용을 이해하는데 도움이 된다. 이는 감정과 사고의 내용 사이에 상당한 고리가 있을 수 있기 때문이다. 특히 내담자의 언행, 얼굴 표정, 태도의 표현 등 객관적인 감정 상태와 주관적인 표현들의 관계에서 무엇이 내재되어 있는가를 판단해야 하기 때문이다. 또한 내담자의 정동과 사고의 내용이 비협조적이거나 부조화를 이루면 부정적 정서반응을 보일 수도 있다. 다시 말해서 불안과 슬픔에 관련된 말을 하면서 미소를 지어 보인다든지, 심각한 문제를 논하는데 웃는 행동을 하는 등의 상황에 맞지 않은 감정적 반응을 노출한다.

3. 정서적 반응

상담은 말로만 이루어지는 것이 아니다. 일상적인 의사소통에서와 마찬가지로 상담에서도 내담자가 말로는 표현하기 어려운 생각이나 감정을 그림이나 행동으로 표현하도록 하는 것이 효과적일 때가 많다. 이는 내담자가 생각과 느낌을 말로 표현하지 않으면서 자기탐색과 노출을 의도적으로 격려하는 것이다(노안영, 송현종, 2007: 106-107). 내담자의 정서적 반응은 일괄적일 수도 있고 상담을 할 때마다 다른 형태의 반응을 보이기도 하며, 두 가지 현상이 번갈아 가며 나타날 수 있다. 따라서 내담자에게 정서적 반응에 관하여 설명하고자 할 때에는 구체적인 표현을 사용하는 것이 바람직하다. 정서적 반응은 상담사의 태도를 모방하거나 연극을 하는 것과 같은 행동을 만들기도 한다. 내담자는 기분 좋은 태도 또는 화려한 몸짓을 해 보이면서 마음속의 우울현상을 감추려고 하는 경향이나 반대의 반응을 보일 수도 있다는 것에 주의해야 한다. 이러한 경우에는 시간을 두고 몇 차례의 상담에 걸쳐 내담자의 진실한 심리적 상태를 살펴볼 수 있도록 각별한 주의를 해야 한다.

예를 들면 내담자는 우울증을 나타내고 치료에 참여할 동기가 있는 것처럼 보였다. 그 내담자는 상담사가 제의하는 다양한 치료 과업을 시작 했지만 그 다음에 그는 분명한 목적이 없었고 매우 감정적이어서 계속 할 수가 없었다. 내담자와 상담사는 서로 의도가 어긋나고 있다는 것을 알게 되었다. 상담사는 내담자의 초점이 우울증에 있다고 이해했지만, 내담자는 상담에 참여하는 동안에 전념하지 않았다. 내담자는 상담에 참여하는 것에 대하여 모순된 감정을 인정하였고, 상담에서 안전하다고 느끼지 못한 것이 내담자의 문제였음을 밝혀냈다. 이러한 탐색과 공감적 확인은 안전감을 갖게 하였으며, 내담자는 우울증 치료에 집중할 수 있었다(Elliott, 2005: 150).

Ⅳ. 사고(의식)의 내용

불평과 선입견의 주요 내용을 인식할 수 있게 하는 사고의 자율적인 흐름은 중요하다. 이러한 사고의 흐름은 지금까지 아프거나 어려운 문제를 가져 본 적이 있는지, 무엇이 상담사를 찾아오도록 했는지, 함께 지내는 사람과 어떤 어려움이 있는지 라는 질문을 통해서 내담자가 가지고 있는 정신적인 문제의 원인과 실체를 찾아볼 수 있다. 질문은 자연스러워야 하며 간단해야 하고, 내담자에 대한 사고의 방향을 탐색하는 것보다는 먼저 말을 할 수 있도록 하는 동기를 부여하여야 한다. 만일 내담자가 장황하게 말을 하거나 문제와 관련되지 않는 말을 할 때에는 문제에 가까운 질문을 해서 그 문제와 직접 관련된 반응을 보이도록 해야 한다. 상담내용의 주제를 파악한 후 조심스러운 질문을 통해서 자세한 정보를 탐색할 수 있도록 해야 한다.

내담자는 육체적인 불평에 대해서 말을 할 때에는 가벼운 기분으로 말을 할 수 있지만, 정신적 혼란과 관련된 것을 말할 때에는 어려워하고 힘들어하는 경향이 있다. 이러한 상황에서는 어려움을 배제하고 편안한 상담 분위기를 조성해야 한다. 또한 내담자의 가정환경에 대한 일반적인 상황이나 직장 또는 학교에 대한 질문을 했을 때에는 망상적인 사고를 동원하여 즉흥적으로 질문과 관련된 정서를 표현할 수 있다. 이때 상담사는 같은 내용의 질문을 다시 하거나, 다른 말로 재질문하여 보다 자세하고 현실적인 말을 할 수 있도록 한다.

1. 강박장애

강박장애는 의지의 간섭을 벗어나서 특정한 생각이나 행동을 반복하는 상태를 말한다. 강박장애는 주로 초기 성인기에 시작된다. 임신, 출산, 가정불화 그리고 직장에서의 문제 같은 스트레스를 겪은 후에 나타난다. 강박장애를 가지고 있는 내담자는 끊임없는 강박관념이나 강박행동에 빠지기 쉽다(권육상, 2006: 258-259).

1) 강박적 관념

강박관념은 머릿속에 자주 떠오르는 사고, 이미지를 지칭하는 것으로 이러한 생각들이 내담자의 통제를 벗어나서 내담자의 의식을 지배하는 것이다. 이러한 사고는 자기 자신으로부터 나온 생각을 주장하는 것으로써 일반적으로 내담자의 생각에 의해서 만들어진 불합리한 것이다. 스스로 이러한 생각을 없애려는 노력을 강하게 하지만 계속해서 머릿속에 떠오르게 된다. 예를 들면 외출할 때 문단속을 잘못하여 도둑이 들면 어쩌나, 사람들과 이야기할 때 병균이 옮지 않을까, 차를 타고 가다가 사고로 장애인이 되면 어쩌나하는 생각이다. 이때는 "당신의 마음속에 스스로 버릴 수 없는 생각을 가지고 있는지요. 당신은 자신이 무엇인가를 생각하고 있고 그 생각을 더 이상 하고 싶지 않은데도 그 생각을 하지 않을 수 없으며, 사고와 언어들과 문장 그리고 목소리가 당신 머릿속에서 계속 맴돌고 있는지요. 당신의 마음속에 그러한 것이 맴돌고 있다는 것을 느끼는지요. 당신 자신이 이러한 것들을 조종 할 수 없다는 사실을 발견한 일이 있는지요." 등을 묻는 것이다.

2) 강박적 행동

강박행동은 불합리한줄 알면서도 반복적으로 행동을 하는데 이를 억압하거나 중단하려고 하면 불안해지고 일상생활을 영위하지 못한다. 이러한 행동은 본인이 원하는 것과는 상관이 없이 느낌이나 긴장 또는 불안과 같은 것을 없애기 위한 것으로서 내부의 욕구와 필요성 때문에 계속해서 같은 행동을 되풀이하는 것이다. 예를 들면 청결과 확인행동에 관한 것으로 하루에도 손을 수십 번 씻거나, 외출 시 다시 돌아와 가스 불이나 문단속 등을 하는 것이다. 이때는 "당신은 자신의 의지와는 관계없이 어떤 행동을 한 적이 있는지요. 또는 자신도 모르는 어떤 의식이나 행동을 하기 전까지는 불편한 느낌을 갖는지요. 그러한 행동이 바보스럽고 중요하지 않으며, 해서는 안 된다는 것을 알면서도 그것을 하지 않으면 불편한지요." 등을 물어 본다.

2. 망상장애

정신사회적 기능 수준은 다양하다. 어떤 개인들은 대인관계나 직업생활이 비교적 손상되지 않고 잘 보존되어 있지만 어떤 개인들은 이런 기능의 손상이 심각하여 직업생활을 거의 하지 못하고 사회적으로 소외되기도 한다. 망상장애에서의 저조한 정신사회적 기능은 망상적 믿음 자체에서 생긴다. 망상장애가 있는 개인들의 공통특징은 망상적 사고가 토론되거나 영향을 미치지 않을 때는, 분명히 정상적인 외모와 행동을 보인다는 것이다. 일반적으로 사회적 기능과 결혼기능이 지적 기능과 직업적 기능보다 좀 더 손상되기 쉽다(APA, 1994, 이근후 외, 1995: 396). 망상은 통상적으로 잘못 해석된 지각이나 경험을 포함하는 잘못된 믿음이다. 내담자는 일반적으로 일상생활에 문제가 없고 성격이나 외모에 있어 뚜렷한 문제가 보이지 않으나, 의심스럽고 적개심이 많고 다소 이상하고 기묘하게 보일 수도 있다. 정신분열증에서 보이는 환청 등의 심각한 지각이상을 보이지 않고 망상도 체계적이며 기괴하지 않다. 또한 망상 외의 사고 장애를 보이지 않는다.

1) 인용망상 또는 피해망상

망상 중심 주제는 자신이 모함 받고 있다거나, 속고 있다거나, 감시당하고 있다거나, 미행당하고 있다거나, 음식에 독이나 약이 들어 있다거나, 중상모략을 당한다거나, 괴롭힘을 당한다거나, 자신의 장기적인 목표가 차단당한다는 등의 믿음이다. 사소한 모욕이 과장되어 망상체계의 초점이 되기도 한다. 피해망상이 있는 개인들의 경우, 종종 자신을 해칠 것으로 믿고 있는 대상에 대해 분노와 원망을 나타내면서 폭력을 행사할 수도 있다(APA, 1994, 이근후 외, 1995: 397). 이러한 내담자에게는 다른 사람이 어떻게 자기를 생각하고 있다고 생각하는지, 어떻게 다른 사람이 자기를 감시하고 있는지, 그 사람은 특별히 어떤 사람인지, 다른 사람이 당신을 위해서 어떤 사람에 대한 감시를 해주고 있는지, 그 사람이 당신에게 무슨 행동을 하며 무슨 말을 하는지 등을 질문하는 것이 좋다.

이상한 경험과 관련된 망상적인 표현을 하는 내담자들이 있다. 이러한 내담자는 낯선 생각이나 기괴한 생각 또는 마술적인 경험을 혼합해서 가지고 있는 내담자들이다. 이들은 자기의 생각에 대해서 애매모호하게 또는 분명하게 이야기하는 경우가 있다. 이때 상담사는 "당신은 낯선 메시지를 받은 적이 있는지, 예수님과 대화를 해 본 적이 있는지, 하늘로부터 또는 부처님으로부터 메시지를 받은 적이 있는지" 등을 물어 봄으로써 내담자의 심리상태를 탐색해 볼 수 있다.

또한 외계인이 자기를 조종하고 있다는 생각을 하고 있는 내담자들이 있다. 이러한 내담자는 일반적으로 비정상적인 수동성과 수동성을 원하는 정신내부의 욕구와 필요성을 가지고 있는 사람들이다. 따라서 이와 같은 사람들의 정신상황을 탐색하기 위해서 다양한 질문을 할 수 있다. 당신의 생각이나 행동이 외부의 어떤 힘에 의해서 조종당하고 있다는 느낌이나 생각을 가진 적이 있는지, 어떻게 이러한 사실을 알게 되었는지, 이러한 것과 관련된 비정상적인 경험을 한 적이 있는지, 최면을 당한 적이 있는지, 당신의 생각이 사고의 전파에 의해서 또는 라디오 전파에 의해서 조종당하고 있다고 생각한 적이 있는지 등을 물어 본다.

2) 자신의 평가절하 또는 과대망상

자기 자신을 평가절하하는 망상을 하는 내담자는 심각한 우울증과 연결된 정동을 가지고 있다. 이러한 내담자는 자신에 대해 무가치함, 죄 많은 인생, 추한 모습, 악취 등을 가지고 있기 때문에 가치가 없을 뿐 아니라 죄를 많이 지어서 벌을 받을 것이며, 사람들로부터 심한 말을 들을 것이라는 느낌을 가지고 있다. 이러한 내담자들에게는 "당신은 당신 자신에게 책임이 있다고 생각하나요. 또는 당신이 앓고 있는 병이 다른 사람 때문에 걸리게 되었다는 억울한 생각을 하고 있나요. 당신의 어려움이나 당신이 처해 있는 지금의 환경에 대해서 다른 사람을 원망하고 있나요. 만일 그렇다면 그 이유는 무엇인지 등을 물어 본다.

이와 함께 과대망상은 자기 자신의 중요성, 능력, 재력 또는 인생에 있어서 사명 등에 대한 엄청나게 과장된 믿음을 말한다. 내담자는 자신이 어떤 위대한 과학자이며, 엄청난 발견이나 발명을 했다거나 정부의 중요한 직책을 맡았다는 등 과신에 차있고 공언하기도 한다(권육상, 2003: 188-189). 즉 과대망상은 자기가 큰 부자라는 생각, 힘이 엄청 강하다는 생각, 대단한 권력을 가지고 있는 생각, 끝없는 성적인 잠재력을 가지고 있다는 생각, 또는 유명한 사람과 동일시하거나 하느님과 같다는 생각을 한다. 자신의 현재 상태를 실제보다 터무니없이 크게 과장하여 마치 그것을 사실인 것처럼 믿는 것이다. 흔하지는 않지만 자신이 신으로부터 계시를 받았다고 느끼거나 자신이 특별한 사람과 관계를 맺고 있다고 믿는 경우도 있다. 이러한 증상은 자신의 열등감, 패배감, 불안감 등을 보상하기 위하여 노력하다가 생기는 경우가 많다.

3. 환각

환각은 모든 감각기관으로 나타날 수 있지만, 특정한 원인에 따라 특이한 환각 현상이 나타나기 쉽다. 환각 후 특히 고무가 타는 냄새나 불쾌한 냄새를 포함할 경우에는 측두엽 간질의 가능성이 높다. 환각은 원인적 요소, 환경적 조건, 중추신경계에 가해진 위해의 속성과 초점, 손상에 대한 반응에 따라 매우 단순하고 형태가 없는 환각으로부터 매우 복잡하고 체계적인 환각에 이르기 까지 다양할 수 있다. 일반적으로 개인이 환각에 대한 현실 검증력을 유지하고 있고, 일반적인 의학적 상태 때문에 환각이 유발된다는 사실을 받아들일 경우에는 일반적인 의학적 상태로 인한 정신증 장애로 진단 내리지 않는다(APA, 1994, 이근후 외, 1995: 408). 감각이나 지각을 자극하여 인식 또는 인지를 일으킬만한 것이 객관적으로 보아 외부나 자기 체내에 존재하지 않는데도 그와 같은 대상을 감각적으로 인지하거나 인지했다고 믿는 것이다. 즉 환각은 실제로는 있을 수 없다는 것을 충분히 이해하고 있는 사람도 있으며, 대상을 명확히 외부에서 인정하는 경우와 어렴풋이 인정하는 경우 그리고 외부에서가 아니고 마음속에 떠올리는 등의 거짓 환각이라는 것도 있다. 또한 환각은 외부적인 어떠한 근거도 가지고 있지 않으면서 잘못된 감각적 느낌을 가지고 있는 경우이다. 상담사는 외부세계에 투사하고 있는 그 내용이 무엇인가를 분명하게 탐색하는 노력을 해야 한다. 예를 들어 내담자가 어떠한 목소리를 듣고 있다면 그 목소리가 밖에서 들어오는 것인지, 자기의 머리 안에서 나는 소리인지를 분간해야 하고 그러한 개념을 명료화하고 구분해야 할 필요가 있다. 그리고 그 강도가 어느 정도인지를 알아야 한다. 즉 환각은 오각(시각, 청각, 후각, 미각, 촉각)과 관련된 감각상의 비정상적인 느낌들이고, 아무 것도 없는데 그 무엇이 있는 것처럼 느끼는 것이다.

4. 환상

환상은 일상의 압력과 책임으로부터 피하게 하는 비합리적인 정신활동으로, 일시적으로 현실의 경계를 지나 자신에게 기쁨을 줄 수 있는 백일몽을 경험하게 한다. 환상은 꿈보다는 조리가 있고 깬 상태에 있는 것인데 모든 연령의 사람들에게 효과적인 도피처를 제공하고 어린아이와 같은 창의력을 증진시킨다. 그러나 환상을 지나치게 사용하면 현실과의 접촉을 감소시켜 현실생활에 있어서 무능력한 사람이 되게 한다(권육상, 2003: 460). 환상의 원인을 추적하는 것은 대단히 어려울 때가 있다. 추적이 어려운 것은 내담자의 마음속에 그러한 것을 하는 것에 대한 이해가 부족하기 때문이다. 내담자가 이러한 것을 말하는 것에 대해서 관심이 별로 없으며, 무엇 때문에 그러한 것에 대한 질문을 하는지에 대해서 알지 못하기 때문에 대답을 애매모호하게 하거나 기피하는 현상이 있기 때문이다.

　따라서 상담과정에서 내담자에게 현실적 금기나 제한 조건을 무시하고 원하는 것에 대하여 이야기하도록 한다. 즉, 마술사처럼 세상을 마음대로 요리할 수 있는 입장에서 자기의 욕구를 말하게 한다. 상담사는 '어떤 장소에서 누구와 무슨 역할로 무엇을 어떻게 달성하는가?'에 대한 구체적인 내용이 되도록 도와준다. 내담자는 환상세계 속의 자기를 말하게 되고, 이를 통하여 내담자의 마음속 깊이 묻혀 있던 생각과 감정이 자연스럽게 노출되고 바라는 목표를 보다 구체적으로 자각할 수 있게 하여준다(이장호 외, 2008: 355-356).

심리검사

1. 심리검사의 정의

심리검사는 성격, 지능, 적성 같은 인간의 다양한 심리적 특성들에 대해서 파악하고자 하는 목적을 가지고, 다양한 도구들을 이용하여 이런 특성들을 양적, 질적으로 측정하고 평가하는 일련의 절차를 말한다(최정윤, 2010: 1). 심리검사 속에는 인간행동에 관련된 인지적, 정의적, 운동 기능적 영역의 모든 행동뿐만 아니라 이러한 행동에 직접 또는 간접으로 관련이 있는 환경과 같은 인간외적 변인을 개념화하고 측정하는 체계적 절차가 포함된다. 또한 사회적 특성을 객관적으로 측정하는 방법이며, 개개인의 차이를 비교하여 성향을 이해하기 위한 심리학적 측정과정이다. 또한 심리검사는 개인에 대한 진단과 평가의 도구가 되면서 동시에 학문적인 연구의 도구가 된다. 이와 함께 임상 심리학의 주 관심사인 개인에 관한 심리평가는 심리검사를 통해서 얻어진 정보를 중심으로 하여 면담, 행동관찰, 개인력 등에서의 자료를 참조하여 종합적인 평가를 내리는 전문적인 과정이다.

2. 심리검사 필요성

심리검사는 신뢰성, 타당성, 객관성, 실용성의 네 가지 요건을 갖추어야 한다. 신뢰성은 심리검사의 측정에 일관성을 요하는 것이고, 타당성은 도구의 사용에 있어서 측정하고자 하는 것을 측정하는 것이다. 객관성은 심리검사의 도구를 다른 사람이 활용해도 동일한 결과를 가져오는 것이다. 그리고 실용성은 검사사용에 있어서 실용가치가 있고 보편적으로 사용가능성이 있어야 함을 의미한다.

상담사는 상담 장면에서 내담자에 관한 이해의 폭을 넓히고 보다 나은 성장과 발전을 할 수 있도록 돕는다. 또한 상담효과를 증진시키고 효율적으로 내담자에 관한 통찰을 얻고자 적절한 심리검사를 사용하게 된다. 심리검사의 효율성은 내담자가 상담과정 중에 말하기 어려워하는 주제들이 사정 결과를 통하여 나타나기도 한다. 예를 들면 어떤 내담자가 상담 장면에서 심리검사 도구를 통하여 자신의 현재 처하여 있는 상태 즉 우울, 고통, 관계의 어려움, 자살 징후 등이 더 잘 표현되는 경우도 있다. 이러한 사정을 하기 위해서는 어느 한 가지 검사만으로는 내담자의 의식적 사고뿐만 아니라 무의식적 영역에 대한 정보를 얻어내는 데는 한계가 있다. 심리검사는 총집(battery)으로 실시할 필요가 있으며, 검사 총집은 개별적인 검사들이 모여서 구성된다. 각 검사들은 각기 다른 특정 심리기능을 측정하는 것을 전제한다. 검사 총집으로 얻어진 자료들은 교차 검증할 수 있는 수단으로 사용된다. 이런 과정을 통해서 내담자의 자아기능, 본능적인 힘, 방어구조 등에 관한 정보를 얻을 수 있게 된다. 그러나 상담과정에서 모든 내담자에게 검사 총집이 필요하다는 것은 아니다. 총집이 사용되더라도 내담자의 여건과 상황 그리고 평가 목적에 따라 선별적으로 선택하여 활용되어야 한다.

3. 심리검사의 활용

심리검사는 보통 임상장면의 초기단계에 실시된다. 이를 통해 상담사는 내담자의 심리적 상태에 대한 포괄적 이해를 얻을 수 있게 되는데, 이런 과정은 치료가 상당기간이 진행된 후에야 얻을 수 있게 될 자료를 미리 파악하게 해줌으로써 시간을 효율적으로 사용할 수 있도록 해준다. 또한 심리검사를 통해서 상담만으로는 드러나기 어려운 내적인 욕구, 충동, 방어들의 위계적인 배열을 파악할 수 있게 된다. 그러나 심리검사가 상담의 종결기에 활용되기도 하는데 상담과정에서 특정한 문제가 생겨 자문이 필요할 때나 상담의 효과성에 관한 객관적 자료가 필요할 때 중요한 역할을 한다. 상담사는 이러한 자료를 통하여 내담자의 초기상담 상태와 종결 상태의 치료 효과에 대하여 평가하고, 상담에 대한 통찰적 이해를 얻게 된다.

심리검사를 대하는 극단적인 두 가지의 태도가 있을 수 있다. 즉 지나치게 평가절하하거나 반대로 과도하게 전적인 기대를 하는 태도인데, 두 태도 모두 합당하지 않다. 상담사는 심리검사가 줄 수 있는 이점과 강점뿐 아니라 한계에 대해서 잘 이해하고, 심리검사를 통해서 최선의 결과를 얻을 수 있도록 해야 할 것이다(최정윤, 2010: 8).

4. 심리검사의 주의

심리검사는 도구이며, 불완전하지만 동시에 유용하다. 심리검사 결과는 그 자체로 행동을 지배하지 않는다. 상담사들은 내담자를 조력하는 자신의 조력 목력 중에 있는 하나의 기법으로써 검사를 이용한다(Meier & Davis, 1997, 노안영 역, 2004: 120). 심리검사의 활용은 신중하게 하여야 하며, 세심한 주의가 필요하다. 심리검사를 시행하고 검사결과를 해석하는 과정은 전문적 지식과 훈련, 실제 경험을 종합하는 과정이 요구된다. 상담 장면에서 심리검사를 남용하거나 검사의 결과를 맹목적으로 과신 또는 회의적인 태도로 불신하는 것은 내담자를 위한 상담에 장애가 된다. 상담사는 심리검사에 대한 전문성을 가지고 보다 양호한 심리검사를 선정하여 검사가 지닌 가능성과 제한점을 인식하면서 필요에 따라 적절하게 심리검사를 활용하는 것이 바람직하다. 이러한 심리검사는 내담자를 이해하고 상담의 구조화에 도움이 된다. 상담사는 심리검사 이후에 결과와 함께 심리검사의 제한점을 내담자에게 설명해주어야 한다. 특히 심리검사가 컴퓨터로 시행되었을 때 내담자는 보다 과학적으로 생각하며, 그 결과에 대하여 알고 싶어 하기 때문이다.

5. 심리검사의 유형

1) 객관적 검사

객관적 검사(objective test)는 과제가 구조화되어 있고 채점과정이 표준화되어 있으며, 해석의 규준이 제시되어 있다. 개인마다 공통적으로 지니고 있는 특성이나 차원을 기준으로 하여 개인들의 상대적인 위치를 비교 평가한다. 객관적인 검사로는 지능검사(WISC, WAIS, WPPSI), 성격검사(MMPI, MBTI), 흥미검사(학습흥미검사, 적성검사) 등을 들 수 있다.

객관적 검사는 검사실시와 해석이 간편하며, 신뢰도 및 타당도가 검증되어 있다. 검사자 변인이나 검사의 상황변인에 따라 영향을 적게 받으므로 개인 간의 비교가 객관적으로 제시될 수 있는 장점이 있다. 그러나 내담자가 자신이 의도하는 방향으로 반응할 수 있는 여지를 제공할 수 있다. 검사의 특성상 양적인 면에 치우치기 때문에 그 개인의 질적인 독특성에 대한 정보는 무시된다는 한계를 가진다.

2) 투사적(주관적) 검사

투사적 검사(projective test)는 객관적 검사와는 달리 검사자극이 모호하고 내담자가 가능한 자유롭게 반응을 하도록 허용하기 때문에 독특하고 다양한 반응이 도출된다. 자극의 모호성 때문에 피검사자가 반응내용을 검토하여 자신의 의도에 맞게 방어적으로 반응하는 것이 어렵게 된다. 투사적 검사는 자극을 인지적으로 해석하는 과정에 개인의 욕구, 갈등, 성격 같은 심리적 특성의 영향이 강하게 포함된다는 전제하에서, 비구조적인 검사과제를 통해 개인의 독특성을 최대한 이끌어내려는 목적을 가진다. 또한 개인의 다양한 반응을 도출시키기 위해서 가능한 간단한 지시 방법을 사용한다. 투사적 검사에는 HTP, KFD, Rorschach, SCT, TAT 등이 있다.

투사적 검사는 평소에는 의식화되지 않던 사고나 감정이 자극됨으로써 전의식, 무의식적인 심리적 특성이 반응될 수 있다는 장점을 가진다. 그러나 전반적으로 신뢰도와 타당도가 객관적으로 검증이 어렵다는 비판이 있다. 결론적으로 현재 어떤 심리검사도 완벽한 상태는 아니며, 각각의 장·단점을 지니고 있다. 상담사는 이러한 점을 인식하고 적절히 보완하여 사용하여야 한다.

제2부

대상중심 가족치료의 실제

I. 가족 갈등문제
심리·정신적 어려움에 처한 아내의 사례

다음 사례는 대상중심 가족치료 이론의 본질적 특징, 치료의 논리적 근거, 치료 작용, 연속적인 역동적 과정의 발전, 치료결과 등을 보여주고 있다. 전체 30회기 가운데 상담내용은 27회기가 제시되었으며, 그 중 26회는 부분내용, 1회기는 축어록의 원자료 내용들을 제시하였다. 나머지 3회기는 모의 상담 전, 후 심리검사 2회, 아들 심리검사 1회이다. 여기서 제시되는 사례는 대상중심 가족치료라는 점에서 볼 때 다소 특수한 경우이지만, 그럼에도 불구하고 상담사가 내담자를 이해하고 치료하는 방식을 설명한다. 매회기의 상담내용 및 완전히 기록한 축어록의 원자료와 함께 상담사가 매회 내담자를 만나면서 상담할 때 사고하는 과정을 제시하였다. 이와 함께 이 사례에서 내담자와의 상담시간은 회기당 1시간을 넘지 않았으며, 주 1회 약 6개월의 기간이 소요되었다. 심리검사에서 어머니는 상담 초와 상담 후 각각 3시간, 아들은 48분이 소요되었다. 제시된 사례에서 내담자는 가족치료를 통해 향상된 가족관계와 이에 따른 자기성취도에 만족하고 있으며, 자기의 사례가 도서로 출판되는 것에 대해서 긍지를 가지고 있다.

사례소개에서 중요한 내담자의 비밀보장을 위해서 가명을 사용하였으며, 제시된 문제와 치료에 결정적인 영향을 미친 요인과 부분에 대하여 정확성을 기하려 했다. 사례의 내담자의 문제는 일반적 상담에 비하여 특이하고 어려운 상담으로 여겨지며, 가족 내 파생되는 문제들은 복잡한 것이었다. 내담자의 상담내용과 상담사의 치료적 접근 그리고 해석의 명료화를 위하여 원자료를 바탕으로 회기 별 접근방법과 기법의 활용을 제시하였다. 한편 상담사는 내담자의 정서적 배경과 일상생활에서 지속적이고 영구적인 요소들을 찾아내고 자각하고 있어야 한다. 이와 함께 상담사는 내담자를 처음 보았을 때 나오는 자료와 그 의미에 대하여 열린 마음으로 매 시간 시작해야 한다. 왜냐하면 자료가 새로운 것이라 할지라도 대부분 동일한 중심요소의 또 다른 단면이 나타난다. 상담사는 상담과정에서 적시에 필요한 질문을 잘해야 하며 말 속의 말을 찾아야 한다. 내담자는 상황에 따라 두서없이 이야기 하거나 의도적으로 감추는 경우도 있기 때문이다.

1. 사례개요

본 사례는 남편의 술 주사와 가정폭력, 아이들의 일탈행위 등으로 인하여 상담할 곳을 찾다가 주변사람들에 의해서 의뢰된 사례였다. 내담자는 조건부 수급자로 지역자활센터에 근무하고 있으며, 남편은 세 번째 결혼이고 경제적 무능력자이다. 전처소생의 아들은 취업해 지방에 내려가 있다. 중학교 1학년, 초등학교 6학년인 두 아들과 함께 살고 있으며, 내담자는 결혼 초부터 남편의 술 주사와 가정폭력 그리고 경제적 어려움에 시달리고 있다. 둘째 아들은 지역 내 청소년수련원에서 4개월간 상담을 받은 경험이 있으며, 셋째 아들은 지역 내 아동상담소에서 주 1회 1년여 상담을 받고 있으나 점차 거칠어지고 난폭해지고 있다. 지역 내 민원이 잦아 구청 사회복지과 사례전담 관리자가 개입 중이다. 내담자는 자신의 처지를 비관하고 삶의 의욕을 상실하였으며, 이혼을 생각하고 있었다.

본 사례는 2011년 10월부터 2012년 3월까지 모 19회, 자 7회, 모, 자 4회 총 30회 상담이 진행되었다. 상담이 진행되는 동안 상담사는 내담자를 통해서 부부가 경험한 원가족 배경을 탐색하게 함으로써 이러한 경험이 현재 가족에서 지속되는 갈등과 어떠한 연관성이 있는지 접목시킬 수 있도록 개입하였고, 그동안 시도해왔던 해결방법이 갈등을 더 악화시키는 것을 통찰시키고, 새로운 대안을 찾아 해결을 시도하도록 피드백을 해주었다. 이러한 피드백의 목적은 내담자들이 내적인 자기-대상관계를 수정하고 동화(재내면화)할 수 있도록 투사적 동일시에 대한 '과정적 관점'을 제공하는 것이다(Ogden, 1982: 17). 그 결과 내담자는 가족과의 대화방식이 가능해졌으며 가족들 역시 대화를 시도하기 시작하였다. 특히 아들과 보내는 시간이 증가하면서 모·자의 체계가 안정되어 가는 것을 알 수 있었다(임향빈, 2014: 104-105).

1) 내담자의 발달력

내담자는 5남매 중 막내로 불우한 어린 시절을 보냈다. 5살 때 부모가 이혼하였고, 그 후 부의 사망과 모의 가출로 인하여 외갓집에서 외조부모와 이모 그리고 사촌 5남매와 함께 유년기를 보냈다. 오빠 2명은 사망하고 언니 2명은 친척집으로 보내졌으며 내담자는 친척들의 무관심으로 초등학교를 다니지 못하였다. 10살 때 서울로 상경하여 어머니와 동거하였으며, 11살 때 지인의 소개로 4년간 식모살이를 하였다. 그 후 17살 때 서울의 청계천에 위치한 봉제공장에 취직하였다.

공장 내 다락방에서 거주하였고 교회를 다니게 되었다. YWCA에서 운영하는 초등학교과정을 3년 만에 졸업하고, 중학교과정(고등공민학교)을 마치게 되었으며, 고졸검정고시 9과목 중 7과목을 합격하였다. 교회에서 피아노 반주교사와 교분을 쌓았고 이를 계기로 반주교사가 운영하는 피아노학원에 문을 여닫는 조건으로 거주하며 피아노를 배우게 되었다. 내담자는 37세의 늦은 나이에 봉제공장에 근무하는 동료언니의 소개로 남편을 만나 동거하였으며 첫아이 임신으로 결혼하게 되었다. 결혼을 늦게 한 이유는 종교적인 이유로 갈등을 했기 때문이다. 동거 초부터 남편은 술 주사와 가정폭력이 있었고 경제적 무능력으로 인하여 생활고에 시달리고 있었다(임향빈, 2014: 105).

2) 가계도

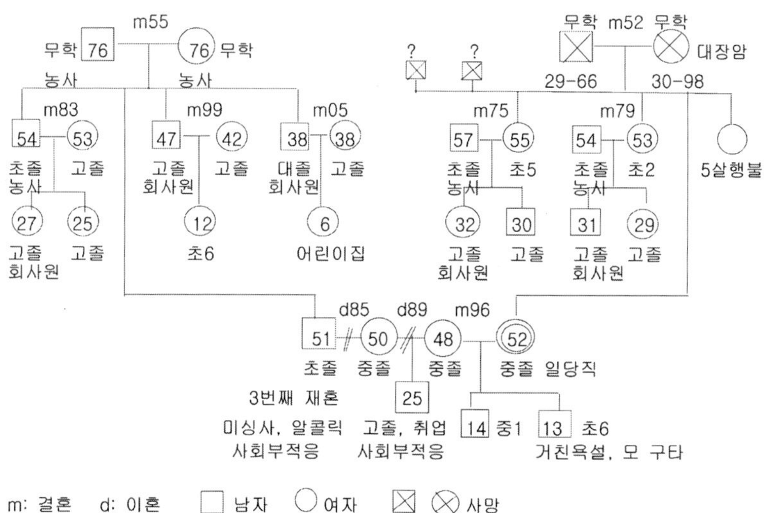

【그림 1】 가계도

3) 치료적 접근

가정폭력을 쓰는 것은 자신의 욕구를 충족하고자 가족구성원의 일방적 희생을 강요하는 무책임하고 야만적이며 비인간적 행위이다. 이러한 행위를 하는 가해자의 의식의 세계에서는 정당한 행위로 생각하고 당위성을 부여한다. 그러나 대상중심이론에서는 무의식의 세계에 잠재되어 있는 대상에 대한 불만, 특히 잔여 자아를 양도하지 않고 대상에 대한 불만이 자기학대적 분노로 변형된 것을 그가 현실적으로 거래하는 대상(배우자)에게 투사했을 때 나타나는 행위가 상대방 배우자를 학대하는 것으로 이해한다. 송성자(2005: 59-60)는 가정폭력은 시간이 갈수록 빈도가 높아지고 더욱 심해지는 경향이 있고 피해자들은 감당하기 힘든 고통스러운 경험으로써 절망감과 실패감을 갖게 하며, 신체적 증상과 심리적·정신적으로 증상적인 행동이나 여러 형태의 질병으로 나타나기도 한다고 하였다.

매를 때리고 맞는 인간관계에 참여하는 성격구조는 일반적으로 경계선적이다. 경계선 성격장애란 자아의 기능 중에서 특히 함입, 감별, 통합에 심각한 문제를 가지고 있는 상태를 말한다. 경계선 성격장애를 대상으로 한 심리치료는 성격구조상의 손실이나 결함을 대상표상을 중심으로 재조정하여 첫째는 자기와의 관계를, 둘째는 다른 사람과의 관계를 원만하게 영위해 갈 수 있도록 해준다.(임종렬, 2001: 168-169). 또한 경계선 성격장애는 행동, 기분, 자아상이 극에서 극으로 크게 변하며 충동적이고 행동을 예측할 수 없는 증세를 말한다. 행동에 일관성이 없고 자제력이 부족하므로 감정이나 기분의 변화가 매우 심하다. 타인과 불안정한 관계를 유지하며 부적절하게 화를 내기도 한다. 이러한 경계선 성격장애 내담자들은 대개 깊은 갈등을 겪는 사람들이다. 가까운 사람에 대한 상반된 감정이 머릿속에서 끊임없이 싸움을 벌이고 있는 경우가 많다.

경계선적 성격을 가진 사람의 부부관계나 부모 자녀관계에서 표출되는 의존적인 태도는 참고 견딜 수 있는 경지를 벗어난다. 경계선적 성격을 가진 사람이 원하는 인간관계는 그것이 무의식적인 것이라고 할지라도 대부분의 관계가 서로 간에 증오하고 파괴적인 성향을 갖는다. 그들의 피곤한 인관관계는 결과적으로 알코올 중독, 습관성 도박, 빈번한 부부싸움, 도벽, 배우자나 자녀의 가출 유도 등과 같은 무책임한 행동, 즉 자기와 주변의 가까운 사람을 괴롭히는 행동으로 일관한다(임종렬, 김순천, 2001: 17). 인간의 정신건강을 관리하는 상담사들의 치료적 상담은 전문화된 중재자의 자질에 따라 결정되는 효과가 예상치를 벗어나서는 안 된다. 치료적 상담은 그 과정도 중요하지만 예상한 결과를 도출하는데 있다. 예상한 결과의 도출을 이끌어내지 못했다면 치료에 적용한 이론과 기법에 부족한 사항이 있었다고 할 수도 있겠으나 그보다 더 중요한 것은 상담사의 인간적인 자질에 문제가 있다고 할 수 있다. 상담사의 인간적 자질이 부족하다는 것은 이론과 기법을 떠나 치료 상담의 선행조건이 되는 이해, 포용력, 관용, 정성의 결핍을 의미한다. 임종렬(2001: 299-300)은 치료적 상담에서 절대시되는 것은 이론과 그 이론을 적용하는데 필요한 기법보다는 내담자를 관리해야 하는 치료자의 인간성 또는 인간적 자질이 치료를 완료하는데 절대적인 영향을 미치게 되며, 이는 치료과정에서 나타나는 전이와 역전이의 절대성 때문이라고 하였다.

2. 회기별 접근

—————————— 제1회 상담 ——————————

내담자는 결혼 초부터 현재까지 15년 동안 남편의 술 주사, 가정폭력, 아들의 일탈, 만성적 가난으로 인하여 사는 것이 지옥이고 어찌해야 할지를 모르겠다고 호소하였다. 셋째 아들은 초등학교 6학년이고, 1년 넘게 지역아동상담소에서 상담을 받고 있으나 시간이 갈수록 난폭해지고 있다고 하였다(임향빈, 2014: 107).

상담사: 남편 직업이 어떻게 되나요?

어머니: 애 아빠는 미싱사인데요. 남들 앞에서 일을 못해요. 하청이나 주면 일을 하지, 라인에서 일을 못해서 그 사람들 하고 어울리지 못해요. 아무것도 못해요. 일을 못해요. 그러니까 힘들어요. 아이들 용돈 주기위해서 파지를 줍는데 너무 힘들어요. 한번은 판교에서 일을 하다 손가락이 부러졌어요. 일을 못해요. 일 년 내내 일을 못했어요. 여름에는 쉬고, 겨울에는 어쩌다 일이 있는데 직업상… 그러면 아무 일이라도 하면 되잖아(언성이 높아진다.) 그런데 아무 일도 안 해요. 다른 데서 일하면 사고치고 그래서 힘들어요. 나도 여기서 끝나면 파지를 주워요. 파지를 누가 챙겨주면 갖다가 아이들 용돈이라도 줄려고요.

상담사: 파지를 줍는다고요. (내담자는 이야기를 두서없이 하고 있으며, 조울

중상이 보이며, 질문과 관련되지 않은 말을 하고 있다. 따라서 상담사는 질
문을 잘해야 하며 말속의 말을 찾아야 한다.)

어머니: 예, 어쩌다 일을 못하게 되면, 아무 일이라도 하면 되는데,
파지를 줍든지 하면 되잖아요. 강원도 사람인데 양반출신이
야, 아무것도 못해, 그 엄마가 있지도 않은 사람인데 이렇게
떠받들어서, 양반 출신인데 있지, 저 사람은 사람인데 일을
못해요. 어떻해요. 힘들어요. 나도 여기서 끝나면 파지를 줍
거든요. 아이들 용돈을 줄려고요. 이끌어 나가려면 힘들어
요. 그 두 사람이 다 누워 있잖아요. 그러면 안 되잖아요. 성
질 나가지고… 아들이 아빠가 술 취하면 말리는 게 아니라
문 딱 걸어 잠그고 경찰이 와도 나와 보지도 않아요. 얼마나
성질나요. 그래가지고 나가라고 했어요.

상담사: 아들이라면 큰아들인가요?

어머니: 예, 지금은 부산으로 내려갔어요.

상담사: 큰아들이라면 몇 살인가요?

어머니: 25살요. 상동(가명)이는 방구석에 틀어박혀서 나오지도 않아
요. 상동이는 부산으로 내려갔어요. 나가라고 해서 내려갔
어요.

상담사: 부산에 내려갔다면 취업으로 내려갔나요?

어머니: 예, 취업해서 내려간지 한 달됐어요. 돈 번다고 해서 생활에
도움이 안 돼요. 자기앞가림이나 할까 가정에 도움을 주는
게 아니에요. 지 앞가림이나 할는지 빚을 지지 않는 게 다행
이지요. 애들 둘을 맡기도 힘들잖아요. 어느 날 갑자기 애들

아빠 병이라도 생기면 어떻게 해요. 대책이 없잖아요. (울먹이면서, 언성이 높아진다.) 아무런 대책이 없어요. 무슨 대책이라도 있어야지요. 결혼도 그래요. 처녀가 와가지고 이렇게 생고생 하는 거 처음 봤어요. 솔직히 말하면요. 나중에 알게 된 건데, 이게 호적등본인데요. (호적등본을 보여준다.)

상담사: 남편은 재혼이라는 거네요.

어머니: 예, 그리고 결혼식도 우리 힘으로 했어요. 해야 되잖아요. 어쨌든 해야 되잖아요. 솔직히 말하면 결혼도 구민회관에서 생활비 가지고 했어요. 결혼도 우리 힘으로 했어요. 결혼은 해야 되잖아요. 내가 패물을 받아봤나…. (눈물을 글썽거린다.)

상담사: 일 끝나면 파지를 줍는다고 했는데요.

어머니: 예, 여기 들어오기 전에 파지를 주었어요. 동사무소에서 3년 동안 취로사업을 했는데 거기 25만원 벌었는데 생활이 안 돼요. 공공근로도 안 되고, 어쩌다 하면 3개월하고 쉬고, 취직도 안 되고 먹고살아야 하잖아요.

상담사: 남편은 한 달에 생활비를 얼마나 주나요?

어머니: 50만원 갖다 줘요. 처음에는 30만원을 주든, 50만원을 주든, 감사하게 생활하는 거예요. 더 갖다 주면 난리가 나는 거예요. 반찬이 없다거나 트집을 잡고, 한번은 저녁에 국수를 비벼주었는데 상을 벽에 던져서 온통 국수가 벽에 붙고 난리가 난거예요. 더 갖다 주면 누구 서방한테 돈 갖다 주었냐, 목사한테 갖다 주냐 하면서 별의 별 이야기를 다 하는 거예요. 아주 그 욕을 들으면 오싹오싹해요. 머리가 숫구쳐

요. 밤새도록 잠도 못 자게 하고요. 아이도 화가 나면 바로 뱉어요. 어떻게 할 수 있겠어요. 부모도 잘못이 있으니 누구를 나무라겠어요. 그러니까 애가 말을 듣게 되면 바로 뱉어요. 아빠가 욕하는 거 그대로 하는 거예요. (내담자는 장기간 가정폭력과 심한 욕설 그리고 아들의 욕설로 인하여 자아존중감이 떨어지고 피폐되었다. 심리적·정신적 공황에 처하여 삶의 의지를 상실하였으며, 당면한 일에 대하여 어찌할 줄 모르고 있었다.)

상담사: 아이도 욕을 심하게 한다는 건가요? 막내 아이가 그런다는 건가요?

어머니: 예, 하동(가명)이가 그렇죠. 중동(가명)이도 욕을 그렇게 해요. 하동이는 심하게 하고요. 어르신 물건을 만졌나 봐요. 어르신이 욕을 하니까 욕을 해댄 거예요. 아빠한테 바로 연락이 온 거예요. 그리고 나한테도 화가 나면 욕을 해대는데요. 지 아빠가 하듯이요. (몸을 부르르 떤다. 목소리가 올라가면서 괴로운 표정을 짓는다.)

낮은 자존감을 가지고 있는 사람들은 자신들의 감정과 느낌에 충실한 상태로 대화를 하기 어렵기 때문에 역기능적 대화를 한다. 이들은 자신들이 감정과 표현되는 언어를 일치시키기 어려운 사람들이다. 이들은 대화할 때 대화의 내용을 이중으로 상대방에게 전달한다(Satir, 1988: 82). 이와 함께 빈곤에 처한 삶은 굴곡이 심하고 그 무게가 상대적으로 높을 수밖에 없는 구조적 환경에 놓이게 된다. 이런 현상은 빈곤의 고착화나 자녀의 불안정한 양육환경 등 또 다른 사회문제로 이어진다(임향빈, 2013: 67). 내담자는 가족갈등으로 인하여 심리적공황과 함께 부정적 투사를 사용하고 있음을 확인하였다. 또한 내담자의 심리적 상태가 불안정한 것을 알게 되었으며, 미성숙한 사고와 방법으로 가족구성원과의 갈등이 깊고 외상 후 스트레스를 받고 있었다. 이러한 스트레스는 모든 심리적 장애들과 직·간접적으로 관련이 있지만, 특히 외상 후 스트레스장애, 적응장애, 우울증, 불안증 등은 스트레스와 직접적인 관계가 있는 장애로 거론된다. 또한 정신분열증의 발생이나 재발도 흔히 심한 스트레스성 사건 후에 일어난다(신경희, 조상윤, 2013: 142). 따라서 경청, 지지, 격려, 공감 등을 통하여 관계형성(rapport)을 하였으며, 문제 진단과 상담을 구조화하였다. 내담자는 경계선 성향이 보이며, 가족구성원 역시 역기능적 행동과 사고로 삶을 이어가고 있다.

———————————— 제2회 상담 ————————————

심리검사 HTP, KFD, MMPI-2, SCT를 하였다. 시간은 약 3시간 정도 소요되었으며, 내담자는 성실한 자세로 검사에 임하였다. 여기서는 객관적 검사인 MMPI-2의 검사결과를 제시하고 나머지 투사적 검사인 HTP, KFD, SCT는 종합적으로 요약하였다. MMPI는 정신질환자를 평가하고 진단함에 있어서 보다 효율적이고 신뢰를 주는 심리검사를 개발하려는 목적으로 제작된 검사이다. 정상적인 성격 경향성과 정신병리적 증상이 질적 차이라기보다는 양적인 차이라는 전제하에서, 오늘

날에는 정신병리에 대한 평가뿐 아니라 임상진단과 정상인 집단 모두에 대해서 성격경향성을 평가하는데도 널리 사용되고 있다(최정윤, 2010: 55). 내담자는 MMPI-2 검사에서 7번 척도(Psychasthenia, Pt: 강박증)는 87로 높게 나타났으며, 불안, 긴장, 초조하며, 주의집중에 어려움이 있다. 자신에 대해 회의감이 많고 자신감이 부족하다. 8번 척도(Schizophrenia, Sc: 정신분열증)는 81로 나타났으며. 높을수록 정신적으로 혼란되어 있음을 반영한다. T점수 70 이상으로 상승되었을 때 사고와 의사소통에 곤란이 있고 사고장애를 가지고 있을 수 있다. 9번 척도(Hypomania, Ma: 경조증)는 93으로 나타났으며, 80 이상으로 상승되면 조증 증상(사고의 비약, 과대망상, 기분의 변동성, 환각, 과잉활동성 등)을 보인다(임향빈, 2014: 124-125).

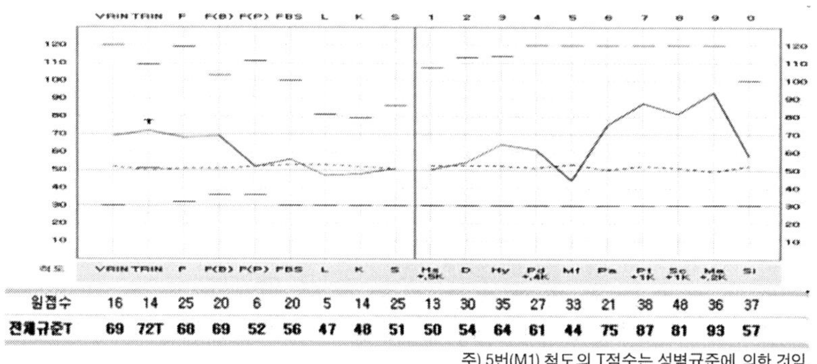

주) 5번(M1) 척도의 T점수는 성별규준에 의한 것임.

【그림 2】 MMPI-2 상담초기

심리검사 결과는 요약하였으며 다음과 같다. 사고 및 지각에서는 자신과 타인에 대해 경직된 기준으로 바라보고 있으며, 주의 집중력이 떨어지며, 자기감의 저하와 사고의 비약 등이 나타난다. 정서 및 성격에서는 자신의 욕구를 표현하지 못하며, 자신이 남을 위해 해준 만큼 보상이 이루어지지 않으면 분노감을 표출하고 있다. 조증 증상이 보이고 불안과 긴장감이 높으며 자신에 대해 회의감과 자신감이 부족하다. 자기개념에서는 자아존중감이 낮으며, 삶의 회의를 느끼고 현실회피를 하고 있다. 비현실적이고 근거 없는 낙관성을 가지며, 자기 자신의 가치나 중요성에 대하여 높게 생각한다. 대인관계에서는 관계욕구가 크며 자기중심성이 강하여 관계의 갈등소지가 높고 충동통제력에 어려움이 있으며 주기적으로 초조감, 적개심, 공격적 충동이 예측된다(임향빈, 2014: 110).

--------------------------- 제3회 상담 ---------------------------

내담자는 남편의 가정폭력으로 인하여 삶이 힘들다고 하였다. 남편으로 인하여 가족구성원 모두가 힘들어 하고 있으며, 이를 잊고자 손빨래를 하는 등 자신을 혹사시키고 있었다. 또한 자신의 처지를 한탄하면서 남편에 대한 원망과 함께 자신이 겪어온 삶의 과정에 관하여 말문을 열기 시작하였다.

상담사: 안녕하세요. 어떻게 지난번 상담 받고 일주일이 흘렀는데
　　　　잘 지내셨어요.
어머니: 예, 잘 지냈어요. 덕분에 잘 지냈어요···. 이번 주에는 너무
　　　　힘들었어요.

상담사: 너무 힘들었어요?

어머니: 예, 너무 힘들었어요. 일하는 것도 그렇고요. 아빠가 계속적으로 공격을 해요. 공격하면 잠을 한숨도 못자요. 2~3시에 자면 한 시간 꼴로 일어나고, 일어나서 애들을 돌보아야 하고요. 우린 이날 이때까지 손빨래를 해요. 세탁기가 들어가는 집이 아니에요. 그래서 거의 한 20년이 넘게 손빨래를 해야 해요. 그러려면 아침에 새벽에 일어나야 하고요.

상담사: 세탁기가 안 들어간다면 집 구조 때문에 그런 건가요.

어머니: 예, 구조 때문에. (내담자는 불행한 결혼생활의 시련, 좌절, 분노, 적개심을 외부가 아닌 내부 즉 자신을 끊임없이 혹사시키며, 부정적인 감정을 털어내는 일환으로 손빨래를 하고 있었다. 즉 손빨래에 몰입함으로써 어두운 그림자로부터 벗어나고자 하고 있다.)

상담사: 애 아빠가 공격을 한다고 했는데 어떻게 공격을 하던가요.

어머니: 그러니까, 바깥에 가서⋯ 일을 직장생활을 제대로 못하니까요. 우리 애 아빠가 머리가 허예요.(내담자는 질문에 대하여 일관성이 있는 패턴이나 초점이 없이 사고와 이미지의 단편적인 언어를 사용함으로서 양극성 감정 장애인 조울증상이 나타나고 있다.)

상담사: 머리가 허예요?

어머니: 예, 머리 자르고 나서 바로 염색을 해야지, 그렇지 않으면 할아버지 모습이에요. 80대⋯ 얼굴은 팽팽한데 낡았어요. 지금에 와서는 병자니까, 겉모양은 빤듯하고 인상은 그런데⋯ 술 먹고 그러면, 욕하고 일주일 내내 그러고, 어제도 내내 어제도 그렇지 휴. (한숨을 쉰다.)

상담사: 일주일 내내?

어머니: 일주일 내내 술 취해서 가랑이를 찢어놓는 다는지, 아무튼 그 욕이, 하여튼 어디서 그런 욕을 들었는지 그런 욕을 들으면 힘이 없어지는 거예요. 단란하게 하루일과를 시작해야지 그렇잖아요. 더러운 욕 속에서 있다 보면 완전히 힘이 없는 거예요. 그런 욕 속에 있다 보면, 계속 욕을 먹으면 기억을 못하는 거예요.

상담사: 기억을 못한다고요? 그러한 욕을 들으니까요?

어머니: 그렇죠. 3일을 그런 욕을 하는 거예요. 뭐 엿 처먹는다든지, 어휴 (한숨을 쉰다.) 내가 욕이라는 게 담을 수가 없는 욕이여, 개 같은 년은 욕도 아니야, 솔직히 말하자면, 완전히 어디서 그렇게 욕을 하는지, 어후~ 휴. (한숨을 쉰다.) 도라이바가 옆에 있었나 봐요. 그걸 갖다 쑤셔 죽이겠다는 등 그냥 깜짝 깜짝 놀래는 거여.

상담사: 그게 언제예요?

어머니: 3일 전이니까 월요일 날, 그러니까 월요일 힘들었고 월요일도 힘들었어요. (눈가에 눈물이 고인다.) 주일날도, 새벽에 2~3시까지 술 먹는 날은 완전히 좋지 않은⋯ 오늘도 무슨 일이 있겠구나, 힘든 거여 그러면 애들도 술을 먹고 이야기 하나 안 하나, 애들이 눈치 챌 정도로 다 그렇게 되는 거예요.

상담사: 아이들이라면 큰아들, 둘째 아이, 셋째 아이를 이야기 하는 건가요.

어머니: 아니요. 큰아들은 아이 아빠가 낳은 아들이고 내가 시골할

머니 집에서 데려왔어요. 같이 살려고… 신경을 많이 썼는데, 그런데 그게 마음대로 되는 게 아니더라고요. 할머니에게서 컸으면 (감정이 격해진다.) 그러면 자기아들이니까 더 수그러져야지, 더 잘해야 되잖아요. 더 생생하고… 그래서 내가 시골에서 데려왔으니까, 그러면 더 잘해야지… 집에서는 우리 아빠를 내놨어요. 사생활이 좋지 않으니까요. 저거는 방을 얻어가지고 자기 마음대로 한다고… 그럼 할 수밖에 없잖아, 그럼 상상을 해봐, 그럼 어떻게 하라는 거야. 자기가 꾸어온 것같이, 내가 방을 얻어도 아빠한데 상의 안 해…. (내담자는 남편이 못난 사람이고 형편없는 사람이라고 투사하며 자신을 합리화하고 있다. 또한 사고와 의사소통방법이 일방적이고 원만하지 못하여 가족갈등을 심화시키고 있다.)

상담사: 상의를 안 하다고요?

어머니: 예, 솔직히 말하면 자기가 생활비를 주는 것도 아니면서 어떻게 하라고, 생각해봐, 사사건건 물건가지고, 싸우면 대판 싸워요. 어떤 때는 돈을 줘요. 밥을 사먹으라고… 어쩌다 반찬에 벌레가 들어갈 수도 있잖아요. 그러면 일 년 내내 이야기해요. 일 년 365일 내내 씹어대는 거야. 어쩌다 들어갈 수도 있지, 일부러 집어넣은 것도 아니고….

상담사: 많이 힘드시겠어요.

어머니: 어제 같은 경우도 나보고 딴 데 가서 자래요. 아이들하고 들어가서 자래요. 왜냐하면 옆에서 자지 못해요. 내가 잠을 안자요. 그래야지 자다가 공격적으로 뭐가 있나 휘둘러대지

않나… 보통일이 아니야, 잠들면 어떻게 할까봐 벌떡 일어나서… 어떻게 할까봐, 애 아빠 잠든 사이에 자야 되는 거여, 그래야지 그렇지 않으면 공격적으로 몸을 이렇게 하지 않나, 그렇지 않으면 자다가 손을 이렇게 한다든지, (팔을 휘두른다.) 친다든지 그러면 놀래는 거여, 그래서 한두 번도 아니고 노이로제가 걸리는 거여….

상담사: 잠을 편하게 못자니 많이 힘들죠.

어머니: 예, 애들이 아침에 일어나면 밥 먹으라고 해야 되잖아요. 애들이 학교에 제 시간에 가기가 어려워요. 우리 하동이 같은 경우도 6학년인데 너무 힘들어요. 오늘도 9시 넘어서 학교에 갔어요. 하동이가 6학년인데 초등학교 1학년 꼴 밖에 안 돼요. 몸이 없는 것도 그렇지만 정말 힘들어요.

상담사: 아이 때문에 걱정이 많이 되겠어요.

어머니: 예, 그리고 끼니가 먹는다는 것 자체가 (눈물을 글썽인다.) 내가 자활에서 일을 하지만 힘들어요. 돈이 없는 것도 그렇지만 밥을 해주고 먹으라고 하면 그걸 먹으라고 해 준거냐, 아침 시간에 밥을 해주면 그걸 먹으라고 한 거냐, 그러면 질리는 거예요. 그걸 가지고 또 다시 반복하면 싫은 거예요. 정말 힘들어요. 아침시간에 얼마나 바뻐요. 그걸 반복하면 질려버려요. 그걸 맨날 반복해서 씹어대면 정말 힘든 거야. 휴우… (한숨 쉰다.) 오죽하면 내가 저기 뭐야 지난주 상담했을 때, 정말 안 살았으면 좋겠고, 놔주었으면 그런 말을 했잖아요. 이제는 그런 심정이야 아빠 곁을, 어떻게 하면 애들 아빠 곁을

떠날까 하는 그런 심정예요. 그것만 생각해요. 그렇다고 내가 내발로 아이들 놔놓고 내가 나가기는 싫어요. 솔직히 말해서 정말 싫어요.

상담사: 아이들 놔두고 나가기 싫다고요?

어머니: 예, 재네들은 내 계획 속에서 탄생한 거여, 사실은 내가 기도하면서 내 계획 속에서 하나님 기도 속에서 기도하면서 얼어진 아이들이기 때문에 함부로 못하는 거예요. 애들은 왜냐하면 아이들 아빠한데도 어쩔 수 없는 거야. 애들 아빠하고도 지금 어쩔 수 없어서 사는 거지, 정말 도망가고 싶은 때가 한두 번 아니야, 그러면 제2, 제3차는 어떻게 해결해야 하는가 아무 계획도 없어요. 집안이 문제투성이예요.

경청과 지지, 공감 등을 통하여 관계형성(rapport)을 하였으며, 상담사가 안아주는 좋은 대상의 역할을 함으로써 내담자는 끊임없이 이야기를 하였다. 자유연상을 통하여 내담자의 무의식에 고착된 미해결과제를 조망하고 탐색하여 현재에 미치는 영향을 파악하고자 하였으며, 내담자의 분열된 자기표상을 확인하였다. 내담자는 불행한 결혼생활의 시련, 좌절, 분노, 적개심 등을 외부가 아닌 내부로 돌리어 자기 자신을 끊임없이 혹사시키고 있었으며, 남편에 대한 원망과 부정적 사고를 표출하고 있었다. 내담자는 장기간 남편의 술 주사와 가정폭력으로 길들어져 있으며, 원가족에서의 훈습된 틀을 가지고 재해석하여 받아들이기 때문에 더욱 깊은 갈등으로 나타났다. 이와 함께 의사소통방법이 일방적이고 원만하지 못하여 가족갈등을 심화시키고 있다.

또한 자신이 가지고 있는 현재의 어려움이 가족구성원으로부터 오는 것이 아니라 내담자의 원가족에서 연유되어 현재의 관계에서 재활성화되고 있음을 모르고 있었다. Gottman과 Driver(2005: 69)는 부부가 어떻게 갈등을 대처하고 해결할 수 있는가에 초점을 맞추어 건설적이고 효과적인 갈등 대처방식을 습득하는 것이 중요하다고 하였다.

— 제4회 상담 —

상담은 남편의 가정폭력과 과거에 있었던 일들이 자신을 힘들게 하고 있다는 하소연으로부터 시작되었다. 남편이 무시하니까 친척들도 따라서 무시하며 이러한 생각을 하다보면 삶의 의욕이 없어지며, 견딜 수 없는 분노가 올라온다고 하였다.

상담사: 남편 분이 보석상에 데리고 갔다는 거지요?

어머니: 예, 시댁에서 내가 이젠… 반지를 원했는데… 사업하는 사람이 있어요. 그랬는데 그 사람이 막 반지를 껴보라고 하드라고요. 그런데 내가 껴봤어요. 다이야가….

상담사: 그때가 언제였나요?

어머니: 한 몇 년 전에요.

상담사: 몇 년 전에.

어머니: 남편이랑 같이 가봤어요. 경찰도 있어요. 사실은 그래서 내가 함부로 저기하지 않아요. 왜냐하면 경찰이… 조카가 있잖

아요. 애 아빠 조카가 경찰이거든요.

상담사: 친척 중에 경찰도 있고 집안이 괜찮다는 거지요?

어머니: 예, 아빠만 어렵지 일가친척들은 괜찮게 살아요.

상담사: 남편 분 형이나 동생들 모두 괜찮게 산다는 건가요?

어머니: 예, 다 괜찮아요. 솔직히 말하자면 밥 먹고 살아요. 우리만 못살지… 그런데 거기를 데려갔어요. 가서는 나보고 골라보래….

상담사: 거기라면 보석상을 이야기 하는 것인가요?

어머니: 예, 6촌 동생이 하는… 가서는 나보고 골라보래, 그래서 내가 그랬지, 다이아가 맘에 드네. (하하) 나는 솔직히 말해서 그런 패물을 받은 게 없었지만, 그런데 우리 엄마가 주신 게 있었어요. 곗돈 부은 돈으로 금을 마련해 준 게 있었어요. 그걸 목걸이 만들어가지고 있었어요. 목걸이 하고 그걸 팔아서 애들 뒷바라지 해준 거야. 아빠가 해준 게 하나도 없는 거여, 그럼 어떻게 해, 그래서 애들 바이올린을 사준거야. 애들한테 바이올린 연습용을 사준 거예요. 그것도 25만 원짜리, 좋은 거, 원하는 거 사 줄려면 몇 천 만원 들어요. 지금 하는 것은 연습용 25만 원짜리예요. 그것도 반지 팔아서 사 주었어요. 바이올린이 비싸요. 그건 못 사주고… 남편한테 반지 한 번 받지도 못하고….

상담사: 남편한테 패물도 받지 못하고, 반지도 못 받아서 마음이 아프겠어요.

어머니: 예, 그렇죠. 생각해 보세요. 반지 하나 못 받았는데…. (결혼

식 때 남편으로부터 아무것도 받은 것이 없다는 것에 마음의 상처가 되어 불신의 골이 깊어졌으며, 자신의 처지를 비관하며, 연상기억에 의하여 수시로 자신을 괴롭히고 있었다. 이에 대한 보상으로 자신의 패물을 팔아 아이들에게 연습용 바이올린을 사주고 배우게 함으로서 대리만족을 하고 있었다.)

상담사: 남편이 보석상에 데려가서 골라보라 해서 다이아반지를 골랐다고요.

어머니: 골라봤는데 이게 맘에 들더라고요. 그게 눈에 띄지 뭐가 눈에 띄겠어요. 사실은 금반지가 있었어요. 그것도 우리 애 아빠한테 받은 것이 아니고 엄마가 끼던 거요. 지금은 없어요. 아이 바이올린 사주느라고 하나도 없어요. 그래서 껴봤는데… 그게 친척들이 말이 많은 거야, 보리밥도 못 먹는 주제에 그런 걸 원한다고, 무슨 보석이냐고 말이 많은 거야. 다이아를 원한다고… 내가 이게 맘에 드네 하니까….

상담사: 친척들한테 보리밥도 못 먹는 주제에 무슨 보석이냐고 그런 이야기 들으니 얼마나 섭섭하겠어요.

갈등은 대화의 내용보다는 관계를 규정하는 방식에서 생긴다. 관계하는 방식이 상대방에게 전달되고 받아들이는가에 따라서 역기능의 대화를 하게 된다. 역기능은 거부와 불인정을 통해서 생긴다. 대화를 하는 주체와 객체가 서로 다른 거부를 하거나 한사람이 다른 사람을 거부하는 경우 그리고 불인정을 하는 경우에 역기능이 발생한다(김용태, 2009: 113). 경청, 지지, 공감을 통하여 사정과 탐색을 하였다. 내담자는 결혼식 때 남편으로부터 기본적인 예물을 받지 못한 것이 마음의 상처로 남아 있었다. 자신의 처지를 비관하며, 수시로 자기 자신을 괴롭히고 있었다. 자유연상기법으로 성장기의 삶을 조망하고 현재에 영향을 미치는 어두운 그림자(shadow)를 탐색하기 시작하였다.

제5회 상담

어머니: 어 그저께 결혼기념일이에요. 그래서 엊그저께는 내가 *끄잡어 냈어*, 며칠 있다가… 아니 그 반지, 그 집에다가 사이즈만 재 놓은 거 몇 년이 흘렀는데 그거 어떻게 된 거야. 맞추어 놓은 거 그 집에다가 사이즈만 재 놓은 거 10년이 흘렀는데… 그게 어마어마하게 비싼거여, 그런데 이제 *끄잡아 낸 거야.*

상담사: 잘하셨어요.

어머니: 내가 사달라는 게 아니라 마음 떠보기 위해서… 도전을 해 봐야겠어. (하하하) (내담자는 10년 전 일을 현재 일어난 일과 같이 마음에 상처로 자리 잡고 있었으며, 남편의 행동에 대하여 신뢰하지 못하고 부정적 사고를 하고 있다. 이는 과거에 유기불안 경험이 있거나 애정결핍 등의 증상으로 인해 현재의 남편에게 집착과 의심을 하는 것이다.) 집에 와 가지고 허구헌 날이면 화풀이를 여기다 하는 거여, 신경질이 나고 화도 나는 거야, 그래서 니가 한 게 뭐야, 그렇게는 이야기 못하지, 그렇게 하면 또 일이 엄청나게 터지니까, 있었던 일은 일체 입 다물어야 돼. (입에 힘을 주면서) 솔직히 말해가지

고 그런데 이제 남편이 할 수 있을거라 하면 끄집어내는 거야. 그래서 내가 한번 끄집아냈어… 아니, 그 반지 어떻게 됐어, 그랬더니 비싸가지고 엄두도 안 난다고, 그런데 생각은 있었던 거야. 근데 그건 못 사주지만 밥을 먹자고 애들한테 시켜놨더라고.

<중 략>

상담사: 생활비로 40만원을 주었다는 거지요.

어머니: 예, 그렇죠. 이제 그것도 감사해야 돼, 왜냐하면 트럽이 있었어요. 왜냐하면 자기가 주어도 안 되고, 나한테 거기해도 생활비가 안 되잖아요. 부족해요. 그래 가지고 아빠가 40만원이든, 50만원이든 그게 중요한 게 아니거든요. 일단 마음이 담긴 거잖아요.

내담자는 가족들과 사회에서 인정과 지지를 받지 못하고 스스로 자신의 틀을 만들어 왜곡된 삶을 살아가고 있으며, 남편의 가정폭력으로 인한 원망과 적은 생활비 보조에 감사하는 양가감정을 가지고 있었다. 이와 함께 남편의 투사적 동일시 대상이 된 내담자는 일방적 감정에 이끌려 견디기 힘든 삶을 살아가고 있었다. 또한 내담자는 과거의 어두운 그림자가 수시로 의식으로 올라와 혼란한 정신세계를 만들어 불안해하고 있었다. 이러한 불안은 무의식에 고착된 미해결과제의 영향을 받기 때문이다. 내담자는 유년기를 양육자로부터 분리불안과 유기불안을 겪으며 성장하였다. 이는 남편 또한 비슷한 경험을 하며 성장하였다. 이러한 성장과정에서의 부정적 경험은 성장 후에 가지게 될 성격특성으로 고정되어 분열적 표상을 형성하게 되고 분열적 표상은 도덕적 방어와 분열적 방어를 번갈아 사용하게 되는 병리적 방어 체계를 갖게 된다. 내담자는 경계선 성격장애를 가지고 있으며, 이를 치료하기 위해서는 자기와 대상을 감별할 수 있는 자아의 기능을 보강해 주어야 한다. Saul(1971: 207)은 개인을 돕기 위한 중요한 과제는 인격의 강도와 취약점에 따라 인격형성을 이해하고, 충격이 어떻게 취약점에 영향을 주는가를 이해하는 것이라고 하였다.

제6회 상담

내담자는 둘째아들과 셋째아들이 지역 내 상담기관에서 상담을 받았으나 셋째는 감당하기 어려울정도로 난폭해지고 있다고 하였다. 내담자는 물건을 자주 잊어버리는 등 기억력 감퇴와 남편을 죽여 버리고 싶다고 분노를 표출하며 말문을 열었다.

어머니: 생각이 없는 거야. 내가 아침에도 내가 경건한 생활을 해야 하는데 뭐든지 계획을 세워서 하는데 집안에서 그런 일이 터지면요. 솔직히 말해서 아무 생각이 안 나는 거야. 그게 한 달이 갈수도 있고, 일주일 내내 아무튼 간에 일이 터지면, 여기는 나와야 되겠고 생활은 해야 되니까, 이게 큰일이야, 그

게 싸이고 싸이다 보면 정말 살인죄까지도 나오겠다는 거야, 판단이 나오는 거야. (경계선 증후군의 자아의 단점은 충동을 억제하지 못하고 스트레스를 받으면 분노와 적개심을 노골적으로 표출한다. 영유아기에 양육자에게 불만을 표출하던 것이 습관으로 굳어져 성인이 된 다음에도 이를 통제하지 못한다.)

상담사: 영희(가명) 씨가 정말 참기가 힘들어서 애 아빠나 아이한테 많이 섭섭했겠어요.

어머니: (말을 가로채며) 내가 그래도 일요일에 교회를 갔다 오면 목사님한테 좋은 말씀 듣고, 그 말씀이 나에게 위로가 되는 거죠. 말하자면 앞으로 살아가는데….

상담사: 그렇죠. 그 말씀이 살아가는데 힘이 된다는 거지요. 일주일 동안 살다가 일주일 후에 교회 가서 목사님 말씀 듣고 그렇게 지금까지 살아오셨는데 얼마나 힘드셨어요.

어머니: 그렇죠.(목소리를 올리며) 기도도 하고, 이 자녀들을 위해서 하나님 어떻게 하면 좋아요. 좀 도와주세요. 이렇게 기도한다고요. 그러면은 남편은… 내가 새벽에 가는 게 있어요. 왜냐하면 이게 그냥 지나갈 일이 아녀요.(울먹이면서) 일어나는 일들이 끔찍해요. 어떻게 보면 살인죄가 저질러지는 거예요. 이게 그렇잖아요. 남편은 욕을 해대쌓지, 그것도 좋게 넘어갈 욕이 아녜요. 우리들은 아무 일이 아니라고 생각하지만 후에 보면 엄청난 일이잖아요. 밥 먹듯이 욕을 더 얻어먹으니 이거 날마다 무슨 생각이 나오겠어요. 정말 그러니까 애가 어떻하겠어요. 누구한테 이런 것들을 이야기 할 수 없고

하나님한테 구하지, 뭘 어떻게 하겠어요. 그럼 그게 속도 모르고 어디 가서 목사님하고 잤데나, 뭐 어쨌더나 입에서 나오는 게 희한하게 말을 돌려요. 그렇게 하면 사람이 아녜요. 그렇죠. 신앙생활 하는 사람을 같다가… 이 사람한테 내가 여지까지 모르고 결혼생활 한 것도 아니고 내가 타협적으로 내가 이런 사람이다. 교회 나가는 사람이다. 모르고 결혼했으면 안하면 되는 거 아냐.

상담사: 그런 상황을 당하지 않은 사람은 잘 모를 거예요. 목사님 욕도 하고, 마음고생이 이만 저만 아닌 것 같아요.

어머니: (말을 가로채며) 시집와 가지고 그렇게 사람을 윽박질러 가면서, 왜 그렇게 사느냐고요. 이건 아니지….

상담사: 사람 사는 게 이래서는 안 되죠.

어머니: 자기가 생활이 있으면 그래서 나를 놔달라고 그런 거야. 솔직히 나를 놔주었으면 좋겠어요. 나를 놔 주면은 애는 내가 키워주겠다. 60만원 받으면서도 애를 키워 내겠다는 말예요. 왜냐하면 내가 뭐 크게 자신 있어 그런 거는 아니에요. 우선적으로 안정감 있게 순리적으로 정말 애가, 만일에 돈이 많이 필요하면, 학교에 올라가면 고등학교에 올라가면 돈을 사용하겠지만… 아직까지는 중학생이니까 그 기간이 있잖아요. 그래서 내가 생활을 할 수만 있게끔 할 수 있다면, 우리 애기 아빠가 나를 좀 놔 주면은 좋겠어요. 솔직하게 말해서… 애를 그냥 어떻게 해보겠는데 여기와 가지고 생활하는 게 아니야 감옥이라면 마음은 편하잖아, 이건 그것도 아니

고 감옥도 아니잖아 지옥 같은데서 생활하는 것, 그런 거나 마찬가지야 애들 아빠 욕하지, 애들 욕하지 그런 환경 속에서 이건 보통 일이 아니야.

상담사: 애들 아빠 욕하지, 애들도 따라서 욕하고, 지옥이 따로 있는 게 아닌 것 같아요. 영희 씨나 되니까 참고 지금까지 살아온 거지, 남들 같았으면 진작에 결딴났을 거예요. 그런 거 보면 인내심이 대단해요. 그런데 앞으로가 문제잖아요. 이제 영희 씨 생각은 어떻게 하고 싶으세요.

어머니: (한숨 쉬면서) 이혼을 했으면 좋겠어요. 이거는 안돼요. 우리 애기 아빠가 기분이 좋은 게 며칠 못가요. 한 달을 잡으면 반 정도는 집안에 무슨 일이 있다고… 여지까지 그렇게 해나 왔어… (내담자는 지난 15년간 남편의 학대 속에 가정을 이끌어오고 있다. 일반적으로 일어나고 있는 학대하는 배우자간의 관계를 보면 학대를 받은 배우자의 경우 언젠가는 학대를 한 배우자를 학대한 만큼 학대함으로써 주고받는 관계적 항상성을 유지하는 경향이 있다. 일방적으로 한쪽에서만 학대하고, 받는다면 그 관계는 편중되기 때문에 오래될 수 없는 결함을 가지게 된다.)

상담사: 영희 씨는 가정을 지키려고 나름대로 많은 노력을 해왔는데.

어머니: (말을 가로채며) 그러기 때문에 내가 못 빠져나온 거죠.

상담사: 남편은 그것도 몰라주고 점점 더 심해지고 그리고 아이들도 그대로 따라서 엄마한테 이제는 욕도 모자라서 엄마를 때리기도 하고 그런다는 거지요? (아이들은 가정에서 부모의 행동을 보고 배우며 성장한다. 부모로부터 기초적 인성교육을 배우지 못한 아이

들은 무질서해지고 반항적이며, 자기 욕구가 충족되지 않으면 참지 못하고 고집을 부린다.)

어머니: 그렇죠. (울먹거림)

상담사: 막내가 더 심하고, 그러니 영희 씨가 얼마나 힘들겠어요. 아이들을 위해서 힘들어도 참고 견디셨는데 이제는 지쳐서 더 견디기 힘들겠어요.

어머니: (눈물이 고이며, 울음 섞인 목소리로) 예, 어찌할 수가 없어요.

학대의 특성은 학대하는 개인의 일부분이 된 대상과의 관계적 역사를 통해서 내재화된 대상의 이미지와 자기의 이미지에 의한 것이다. 이는 곧 자기가 대상과의 관계에서 학대받은 경험에 의한 좌절과 자기비하적 정동에 의해 만들어진 이차적 순환작용으로 인해 나타난 것이기 때문에 과거의 학대받은 경험과 밀접한 관계가 있다.

내담자는 남편의 폭력으로 인한 정신적 고통이 너무 커 자신의 문제 외에는 다른 것을 돌아볼 여유가 없었다. 마음의 위안을 받고자 종교에 의지하고 있으며, 남편의 가정폭력으로 인한 견디기 힘든 어려운 생활에 회의를 느끼고 있었다. 자유연상으로 어린 시절의 성장과정과 미해결과제를 조망하였으며, 이를 통하여 무의식에 자리 잡고 있는 어두운 그림자를 들여다보고 표출하도록 하였다. 내담자는 부모의 이혼과 부의 사망 그리고 모의 가출로 인한 분리불안과 유기불안을 겪었음을 알 수 있었다.

상담사: 물건을 자주 잃어버리고 기억이 나지 않는다고요.

어머니: 예, 지난 금요일 낮에 밥을 먹고 동사무소로 가서 쌀을 2푸대 신청하고 은행에서 돈을 찾았다가 지갑을 잃어버렸어요. 그리고 카드를 이날 이때 까지 못써요. 아이아빠가 몇 년 전에 생활비를 카드로 다 써서 그다음에 부터는 카드를 안 써요. 저녁에 가서 보니까 지갑이 없는 거예요. 생각이 안 나요. 어디서 잃어버렸는지, 돈은 없지만 잃어버린 것이 마음에 걸리는 거예요. 얼마 전에는 자전거 두 대를 잃어버렸어요. 그리고 배달나갔다가 교통카드를 잊어버리기도 했는데, 어디서 잃어버렸는지 모르겠어요. 정신이 깜박깜박해요. (해리성 기억상실은 중요한 개인적 정보를 상실하는 것이 특징이며, 생활사 가운데 일부를 회상하지 못하는 기억의 공백이나 일련의 기억의 공백으로 나타난다. 이들 기억의 공백은 대개 외상성이거나 심하게 압박을 주는 스트레스사건과 관련이 있다. 대개는 심각하게 혼란스런 사건이 있은 후 몇 시간 동안에 일어난다.) 남편이 집에서 술주정하고 욕을 해대니 아이들도 그대로 따라 해요. 며칠 전에는 막내 아이를 야단치니까 멱살을 잡고, 나를 때리기도 하고 정말 큰 일이예요. 어찌해야 할 줄을 모르겠어요. 큰언니가 그러는데 내가 어렸을 때 하루 저녁에 오빠 3명이 죽었대요. 큰언니 위로 오빠 두 명이 있었고, 사촌 1명이 있었는데, 아프니까 외할머니가 개똥 물을 퍼 와서 엄마가 개똥 물을 퍼 먹여서 다 죽였어요.

하루아침에 자식들이 세 명이나 죽었으니 엄마는 얼마나 가슴이 아팠겠어요. (건강한 애도와 병리적인 애도를 구별 짓는 것은 애착의 본질이다. 건강한 애도의 경우에는 죽은 사람에 대한 애착이 일반적으로 긍정적이며 합일과 평안의 느낌을 준다. 그러나 병리적인 경우에는 죽은 사람에 대한 애착이 전형적으로 적대적이고 양가적이며, 때로는 죄책감을 동반한다. 이와 같이 상실은 남아있는 사람을 힘들게 하지만 특히 성장기의 아동에게 가까운 사람의 죽음으로 인한 상실은 무의식 속에 트라우마(trauma)로 자리 잡아 정신적으로 힘들게 한다.) 하동이는 작년 4월부터 상담 받았어요. 한 주에 1회 1시간 정도, 그런데 상담선생님이 학교 앞에서 기다려서 데리고 가서 상담을 받기에 2시간도 더 걸리는 거지요. 선생님이 데리러 오는 건 아이 스스로 찾아가시 않기 때문예요. 중동이는 1월부터 4월까지 한 주에 1회 1시간씩 상담을 거기 청소년수련관에서 받았어요. 선생님이 아이가 상담을 원할 때 받는 게 좋겠다고 중단시켰어요. 중동이는 잘한데요. 상담이 필요할 때 받으라고 했어요…. 아이들 용돈은 아침에 1,000원씩 줘요. 주일날은 차비하고 헌금하라고 4,500원씩 주고요. 그런데 중동이가 1,000원은 모자라니까 1,300원씩 달라고 하는 거예요. 그래서 요즘은 그렇게 주고 있어요.

자긍심이 낮은 사람은 불안하고 자신을 믿지 않는다. 그의 자긍심은 남들이 그를 보는 관점을 자신이 어떻게 생각하느냐에 달려있다. 그는 남들에게 강한 인상을 주고 싶을 때에는 그의 낮은 자긍심을 감춘다. 자긍심이 낮은 사람은 남들에게 많은 기대를 하지만 자신이 원하는 것을 얻을 수 없을까봐 두려워한다. 그리고 기대한 것을 얻지 못함으로 인해 실망하게 될 것을 예상하고 불신을 준비한다.

내담자의 생활사를 알아보기로 하였다. 이는 내담자가 가지고 있는 증상을 진단하고 사정하는데 있어 중요하다. 내담자의 과거와 현재, 즉 유년기, 청소년기, 청년기, 중년기로 나누어 살펴보고자 하였다. 이와 함께 자유연상을 통하여 어두운 그림자를 직면시켰으며, 억압된 감정들이 풀려나고 표현될 수 있도록 노력하였다. 이런 과정을 통해 원가족과 현재의 삶에서 좋은 면과 나쁜 면을 볼 수 있게 되면서 남편도 분열 없이 바라보게 될 것이다. 또한 내담자가 가족구성원에게 투사하고 있는 감정의 원천을 줄일 수 있으며, 부정적 사고와 피해의식을 줄이고자 하였다. 내담자는 외갓집에서 구박을 받으며 초등학교를 다니지 못하고 어린 시절을 보내게 되었으며, 그 후 서울로 올라와 식모살이, 봉제일 등을 하였다고 하였다. 피아노학원에서 거주하며 피아노를 배우게 되었고, 스스로 노력으로 학교를 다니게 되었다.

제8회 상담

내담자는 바이올린과 둘째 아이 일기장을 가지고 와서 책상 위에 올려놓고 기다리고 있었다. 상담사가 자리에 앉자마자 일기장을 읽어보라고 주면서 말문을 열었다. 내담자는 아이들 교육에 관심이 많다는 것과 자신의 행동을 인정받고 싶어 하였다.

내담자의 이러한 행동은 성장기와 관계가 있다. 이는 양육자로부터 분리불안과 원하는 사랑을 받지 못하여 성인이 된 후에도 부족한 부분을 충족하고자 가깝고 친숙한 사람이면 누구에게나 의존하고 매달리고 자신의 행동을 합리화시키고 인정받고자 하려는 성향을 갖게 된다. 따라서 아이의 비밀을 보호해주어야 하며, 다음부터는 일기장을 보지 말라고 피드백하였다. 내담자는 상담 도중에 바이올린을 켜고 '그리운 금강산아' 노래를 불렀다.

상담사: 오늘 컨디션이 좋아 보이네요. 옷도 예쁘게 입으시고요.

어머니: 예 (호호)

상담사: 바이올린도 가져오셨네요.

어머니: 예, 지난번에 합창 때 그 '청산에 살으리라' 그 곡을 했는데 이제는 이거 11월말 쯤 해서 우리가 발표회를 한다고 했잖아요. 그래서 인자 내가 이거를 갖다가 거기다 집어넣으면 어떨까 싶어가지고 한곡을… 청산에 살으리라, 그것을 집어넣고 거 저기 뭐야, 내가 생각하고 구상 중에 있는 거예요. 그래서 한번 가져와 봤어요.

상담사: 발표회라면 어떤 것을 이야기하는 거지요?

어머니: 지휘자님 있죠. 그분이 한다고 하더라고요. 그래서….

상담사: 그래서 가지고 왔네요.

어머니: 예, 겸사겸사 해서요. 준비를 해놔야지 하루아침에 하는 거는 아니거든요.

상담사: 그럼 한곡 들어볼 수 있을까요?

어머니: 바이올린으로?

상담사: 예, 직접 연주하듯이 해보시죠.

어머니: 아직 미숙한데요.

상담사: 괜찮아요.

어머니: (바이올린 준비를 하고 3분 정도 켜기 시작한다.) 더 연습을 해가지고 해야 되겠어요. 잘 안되네.

상담사: 너무 잘하셨어요. 굉장히 잘하시는 거예요. 이정도로 이렇게 잘하시는 건 대단하신 거예요.

어머니: 이거는 가곡이… 저번에 '그리운 금강산아' 한 번 했거든요. 지금 한 번 불러 볼게요. (악보를 찾기 시작한다.)

상담사: 바이올린 켠지는 상당히 오래됐나 봐요.

어머니: 아니에요. 노래가 20년 됐지 한지는 얼마 안돼요. 음악을 아니까 배우기 쉬운 거죠. (그리운 금강산아를 부르기 시작한다.)

절망과 고립감을 능력부여와 재결합으로 대체하는 것은 외상을 가지고 있는 환자의 회복에 있어서 결정적인 요인이다. 외상적 과거의 개념이 나오게 되면 생존자는 미래를 창조하는 임무와 마주친다(Herman, 1992: 196). 내담자는 상담사에게 자신의 행동에 대한 이해와 지지, 격려, 인정을 받고자 하였으며, 정신적으로 의지하고 있었다. 이는 상담사를 신뢰한다는 의미이며, 상담을 통해 내적 힘이 생기고 있음을 알 수 있다. 따라서 심리적으로 안아주고 지지하고 격려하고 인정해 주었다.

어머니와 함께 상담실 문을 여는 순간 어머니한테 입에 담지 못할 욕을 하면서 도로 계단을 내려갔다. 잠시 후에 남자 사회복지사가 아이를 데리고 올라왔다. 상담실에 어머니와 함께 들여보내자마자 상담실에 있는 의자를 발로차고 쓰러트렸다. 5분 뒤에 상담사가 상담실에 들어가서 어머니를 내보냈다. 상담사가 자리에 앉으니까 못 본 척하면서 핸드폰 게임을 하고 있었다. 3분이 흐른 후 상담 준비가 되었으면 앞에 앉으라고 하니까 못들은 척하며 게임을 하고 있었다. 2분 정도 기다리니 상담사 바로 앞에 앉았다.

아들은 상담 준비가 안 되었으며, 짜증난 목소리로 고개를 숙이고 반말로 대답을 하다가 시간이 흐르면서 상담사를 바라보며, 경어를 쓰기 시작하였다. 지지, 경청, 공감 기법을 사용하여 관계형성(Rapport)을 하였으며, 친구관계, 학교생활, 장래희망, 가족생활 등 사생활에 관하여 탐색하였다.

상담사: 아빠가 일주일에 술은 몇 번 정도 먹어?

아　들: 다섯 번.

상담사: 일주일에 다섯 번?

아　들: 네 번.

상담사: 일주일에 네 번?

아　들: 안 먹을 때도 있고.

상담사: 그러니까 일주일에 4~5번 술을 먹고 술 먹은 날은 꼭 싸우

는구나.

아 들: 예.

상담사: 그때 하동이 마음은 어땠어?

아 들: 그냥 그래요.

상담사: 그래 마음이 많이 안 좋지, 엄마 아빠가 사이좋게 지냈으면
좋은데 막 싸우고 그러면 불안하고… 싸우지 않았으면 그런
생각도 들고 그러겠다.

아 들: 예.

상담사: 속 많이 상하겠다. 하동이….

아 들: 예.

상담사: 그때는 어떻게 해, 속상할 때는 어떻게 해?

아 들: 무시하고 그냥 자요. 내일 학교 때문에.

상담사: 그래도 막 불안하잖아.

아 들: 예.

상담사: 막 떠들고 싸우고 그러면, 하동이도 많이 힘들겠다. 엄마 아
빠 안 싸우고 그러면 좋을텐데….

아 들: 예.

상담사: 엄마 아빠 싸우지 마세요. 이야기 해봤어?

아 들: (침묵)

상담사: 형은 그때 뭐하고 있어?

아 들: 막 자요. 형은 빨리 자서.

상담사: 형도 자는 척하겠지, 깨어 있겠지, 막 싸우고 있는데 어떻게
잠이 와 불안해서, 엄마 아빠 그만 싸웠으면…?

아　들: 예.

상담사: 그래도 하동이가 엄마를 보호해 드리고 그래야지.

아　들: 예.

상담사: 하동이 참 착하다.

아　들: (침묵)

상담사: 하동이가 6학년인데 이제 중학교에 올라가야 되잖아, 중학
　　　　교에 올라가면 어떻게 하고 싶어?

아　들: 중학교에 올라가면은 그냥 그대로….

상담사: 그냥 그대로… 꿈이 있을 거 아냐, 하동이 장래희망이 뭐야?

아　들: 생각하고 있는데. (작은 목소리로)

상담사: 생각하고 있어?

아　들: 예.

상담사: 그러면 작년에는 뭐가 되고 싶었어.

아　들: 작년에요. 작년에는 경찰관.

상담사: 경찰관, 재작년에는?

아　들: 재작년에요. 의사.

상담사: 의사, 그럼 3학년 때에는?

아　들: 만화가.

상담사: 4학년 때에는?

아　들: 2학년 아녜요? (상담사는 아들의 반응을 보기 위하여 틀린 질문을 하였
　　　　는데 아들은 기다렸다는 듯이 응답하였다. 이는 상담 장면에서 내담자의 심
　　　　리상황을 탐색하기 위해 상담사가 활용하는 질문유도 기법이다. 아들은 자신
　　　　의 이야기에 관심을 갖고 지지, 격려 받고 있다는 생각과 함께 상담에 집중하

기 시작하였다. 따라서 아들의 반응은 상담사의 질문에 반문을 하는 등 관심을 갖기 시작하였다.)

상담사: 아, 그렇지, 경찰관이 5학년, 의사가 4학년, 만화가가 3학년, 2학년 때가?

아 들: 2학년 때에는 비행기 조종사.

상담사: 비행기 조종사, 그럼 1학년 때에는.

아 들: 1학년 때에는 생각이 없어요.

상담사: 생각이 없었어, 그렇구나, 그럼 6학년 때에는 생각중이고, 그래 하동이는 꿈이 많다. 다음에 상담할 때에 하동이가 뭐가 되고 싶은지 그것 좀 가르쳐줘, 오늘 상담은 여기서 마치고 이제 몇 가지 그림 좀 그려보자.

아들은 감정조절의 어려움으로 과격한 행동(Acting-out)을 하였다. 정신분석학에서는 이러한 행동을 하는 것에 대한 느낌을 이해하지 못하고 순간적 충동에 의해서 무의식적 갈망을 수정 완화하지 않은 채 직선적으로 표현하는 행동을 말한다. 즉 행동화는 긴장이 경험되는 그 순간에 행동이나 말을 통해 긴장을 밖으로 표출하는 것이다. 신경증적 방어는 어떤 종류의 욕구나 충격에 대한 책임의 무의식적 회피에서 오는 스트레스를 처리하기 위한 일상생활의 기제이다. 이는 주변 환경에 의해서 스트레스의 중압적 강화가 있을 때나 과도한 회피현상이 있을 때 일어나지만, 일반적으로 숙련된 상담전문가와 상담을 받기 시작하면 증세는 호전되기 시작한다.

때리고 맞고 훔치고 거짓말 하고 게으름을 피우고 분해하며 섭섭하게 생각하고, 죄의식에 젖어서 우울해하고 성급하며, 과격하고 참지 못하고 혼자라는 생각에 위축된 마음을 위장해서 자기도취적인 행동으로 자신과 타인을 학대하는 사람의 성격은 일반적으로 자아가 취약한 경계선 성격장애로 분류된다. 임종렬(2001: 210)은 경계선 성격장애는 일반적으로 제2의 격리개별화기인 대상결핍에 의한 격리개별화의 실패로 자기-대상 용해 때문에 갖게 된 좌절을 호소하는 현상으로 나타나는 증상이라고 하였다. 즉 바른 부모 밑에서 바른 교육을 받은 양육 경험이 부족한 청소년은 12세 이후의 행동양상에서 경계선적 성격장애라는 진단을 내릴 수 있는 행동장애를 표출한다고 하였다.

제10회 상담

아들은 HTP, KFD, 아동용 SCT 심리검사를 하였다. 검사시간은 48분 소요되었다. 아들은 상담을 받느라 힘들었음에도 불구하고 심리검사에 흥미를 가지고 성실한 자세로 임하였다. 다른 상담소에서 심리검사를 받아본 경험이 있다고 하였으며, 적지 않은 시간이 소요되었음에도 피곤해하지 않았으며, 상담이 빨리 마치게 된 것에 대하여 아쉬워하였다.

심리검사 결과를 종합적으로 요약하였다. 사고 및 지각에서는 기초적 인성교육의 부재와 가정 내 어려움으로 인하여 부정적으로 표출하고 있다. 정서 및 특성에서는 인정 욕구와 애정 욕구가 크며, 외부자극에 대한 충동조절이 부족해 보인다. 자기개념에서는 장기간 가정폭력에 노출되어 부정적 자아와 긍정적 자아가 나타나고 있다. 대인관계에서는 욕구 충족을 위해 폭언 또는 거친 행동을 하고 있으나 또래관계는 상대적으로 안정되었다. 그러나 어른에 대한 사고는 부정적으로 나타났다(임향빈, 2014: 115).

----------------------------- **제11회 상 담** -----------------------------

내담자는 막내 아이가 일반적인 아이처럼 바뀌었으면 좋겠다고 하였다. 아이가 1학년 수준인데 6학년 수준으로 바뀌었으면 좋겠고 변을 옷에 지리는데, 안 지렸으면 좋겠다고 하였다. 어른한테 욕도 안하고, 인사도 잘하는 기본적 인성을 갖춘 아이가 되기를 바라면서 말문을 열기 시작하였다.

상담사: 막내가 변했으면 좋겠다고 하는데 어떻게 바뀌었으면 좋겠는지요.

어머니: 아이 수준이 1학년이에요. 6학년 수준으로 바뀌면 좋겠어요. 응아도 바지에 저리는 데 저리지 않았으면 좋겠어요.

상담사: 응아를 바지에 저린다는데 일주일에 몇 번씩 저리게 되나요? (아들이 속옷과 바지에 변을 지리는 것은 생활환경 안에서 심한 스트레스와 불안을 겪기 때문에 나타나는 역기능 현상이다. 불안은 살아가면서 여러 가지 사건들 속에서 학습되어 생기며, 가족 내에서의 경우는 부모들의 불안을 아이들이 흡수하면서 불안이 생긴다. 이러한 불안은 밀착된 관계를 가

질수록 더욱 증가된다. 따라서 아들의 치료를 위하여 생활사를 알아보기로 하였다.)

어머니: 일주일이 아니고 한 달에 2~3번 응아나 오줌을 바지에 저려요.

상담사: 그러면 어느 때 주로 저리게 되나요?

어머니: 글쎄요.

상담사: 혹시 부부싸움하거나 그럴 때 저리게 되나요?

어머니: 예, 그럴 때도 있어요.

상담사: 그리고 또 뭐가 바뀌면 좋겠는지요.

어머니: 어르신한테 인사도 하고, 욕도 안하고, 감사생활도 하고 선생님한테 은혜를 느꼈으면 좋겠어요.

〈중 략〉

상담사: 아이들 용돈은 어떻게 주나요?

어머니: 이날 이때까지 똑같이 해줘야 해요. 그렇지 않으면 싸움나요. 뭐가 필요하다하면 살 수 있을 정도로 그 정도는 나오게 해요. 지금도 1,000원씩 2,000씩 줘요. 그럼 불만이 없어요.

상담사: 그러면 하루에 한 번씩 주는 건가요.

어머니: 예, 하루에 한 번씩 줘요. 아침에요. 말 안 들으면 안주고, 없을 때 못주고요. (내담자는 성장과정에서 훈습된 편협한 사고로 자신의 행위가 어떠한 결과를 불러오는지 잘 인식하지 못한 채 항상성의 원리에 따라 자신에게 익숙한 방법으로 아이들을 양육하고 있다.)

상담사: 아이 스스로 책임감을 가지고 생활하도록 일주일이나 보름

단위로 책임감 갖고 쓸 수 있도록 바꿔주어야 해요. 사회생활을 하는데 아이 수준이나 또래에 맞게, 때로는 목돈이 필요할 때도 있거든요. 예를 들면, 친구생일이라든가 부모님 결혼기념일이라든가 그럴 때 선물이 필요하잖아요. 목돈이 필요하거든요. 그럴 때 돈을 써야지, 그렇지 않으면 또래 애들한테 왕따를 당해요.

어머니: 그럴 때는 돈을 줘요. 필요하다고 달라고 하면은….

상담사: 이제는 아이들이 책임감을 갖고 살 수 있도록 일주일 단위면 일주일 단위 보름이면 보름 단위, 이제 서서히 바꿔 주어야 할거예요. 하루에 천 원씩 주는 수준은 초등학교 저학년 때나 유치원생 때에는 맞아요. 그때는 책임감을 갖기에는 이르지만, 지금은 하동이나 중동이가 초등학교 6학년이고 중학교 1학년인데 이제 돈에 대해서도 책임감을 갖고 쓸 수 있도록 해주어야 해요. 자기가 절약을 해가지고 저축을 한다든지 그런 것들이 필요하다는 거예요. 그런데 책상 위에… 아름다운 카드를 가지고 오셨네요.

어머니: 예, 이거는 지난주인가 뭐… 생명이 어떻게 될지 몰라가지고 장기기증을 한 거예요. 어차피 썩어 없어질 몸인데요. 목사님도 장기기증 했대요.

상담사: 영희 씨가 장기기증을요?

어머니: 예, 전체 부분을 다했어요.

상담사: 전체 부분을요? 영희 씨가 죽으면 장기기증을 하겠다 이런 건가요?

어머니: 눈까지… 아직까지는 괜찮으니까, 언제 어떻게 될지는 모르
지만요.

상담사: 언제 그렇게 아름다운 생각을 하시고.

어머니: 이런 것이 사람생명이라는 게 어떻게 될지 모르잖아요. 생
명이라는 게 내일 잃을 수도 있고, 오늘 자다가 잃을 수도 있
고, 그럴 수도 있잖아요. 그러니까 그런 마음이… 이제 아이
들은 다 키워 놓은 거야. 이제 다 키워 놓았는데, 애네들은
어디다 풀어놔도 괜찮은데, 성격만 바꿔지면 성격적으로 바
꿔지면, 지할 도리는 다 할 거라고, 그래서 이런 결정을 하게
된 거라고, 그리고 지금 현재 사업단에서 묶어져 가지고 있
잖아요. 어쨌든 제 생각에는 봉사를 하고 싶어요. 어르신한
테 머리를 깎아 드리기도 하고 그런 봉사를 하고 싶어요.

정신분석적 배경을 가진 상담사는 상담과정에 있어서 해석을 동원
한다. 해석의 목적은 억압된 과정을 취소하기 위한 것이고 무의식적
사고를 허용하며, 느낌을 의식의 세계로 이끌어내는 것이다. 이를 통
하여 내담자로 하여금 갈등을 대체할 수 있는 새로운 방법을 모색하
도록 한다. 내담자는 상담사에게 전이 감정을 느끼고 있었으며, 자신
이 하고자 하는 일과 행동에 관하여 지속적으로 인정과 지지를 받고
자 하였다. 내담자는 사후 장기기증 서약을 하였으며, 미용기술을 배
워 노인정에서 봉사하며 살고 싶다고 하였다. 반면 현재의 삶이 지옥
과 같아 벗어나고 싶다고 하면서 남편에 대한 원망과 분노로 가득 차
있는 것을 알 수 있었다. 이는 자기 표상이 좋음과 나쁨으로 분열되어

있음을 나타내는 것으로써 내담자의 혼란한 정신세계를 확인할 수 있었다. 또한 아들의 문제행동은 가정 내에서 받아야 할 일차학습을 습득하지 못한 것과 부모의 미성숙한 태도가 원인임을 알게 되었다. 따라서 내담자의 분열된 자기표상을 통합할 수 있는 작업들을 지속적으로 하고자 한다. 아들의 용돈에 관하여 피드백을 하였으며, 아들에게 하루에 한번 칭찬하기, 용돈을 주는 간격이나 금액은 아들과 상의할 것을 과제로 내주었다.

심리치료에서 과제부여의 역할은 상담실 밖에서 일어나는 일상행동과 연결되어있기 때문이다. 이는 과제부여를 통해 변화가 얻어졌을 때 상담의 효과가 크며, 의미 있는 변화가 가능하다는 것과 심리치료가 말로 하는 것 이상이라는 것을 보여준다.

제12회 상담

아들은 상담에 관심을 표하고 있으며, 하루일과와 가족들과의 관계, 또래관계에 대하여 말하였다. 부모의 잦은 싸움으로 인하여 수면부족으로 아침에 늦게 일어나고 학교에 지각하게 되어 힘들다고 하였다. 아들은 용돈에 관하여 말문을 열었다.

상담사: 그럼 이제 용돈을 8,000원 내지 9,000원 받으면 이거를 어떻게 쓸 거야? 쭉 이야기 들어보자.

아 들: 아껴서 써야죠.

상담사: 아껴서 쓰는데 하루에 얼마씩 쓸 거야?

아 들: 하루에 1,000원 쓸 때도 있고 2,000원 쓸 때도 있고.

상담사: 1,000원 쓸 때도 있고 2,000원 쓸 때도 있고?

아 들: 안 쓸 때도 있고.

상담사: 안 쓸 때도 있고, 그럼 남을 때는 뭐할 거야?

아 들: 저금요.

상담사: 저금, 그럼 지금 예금통장이 있니?

아 들: 예.

상담사: 예금통장도 있구나.

아 들: 예.

상담사: 그럼 예금통장에는 돈이 많이 저금되어 있겠네.

아 들: 예.

상담사: 그럼 얼마나 저금되어 있어?

아 들: 자세한건 모르는데요.

상담사: 자세한건 몰라?

아 들: 예.

상담사: 그럼 이제 남는 것은 저금할 수 있겠다.

아 들: 예.

상담사: 예금했다가 필요할 때마다 꺼내 쓰고, 엄마 아빠 결혼기념
일이라든지.

아 들: 이미 지났어요.

상담사: 내년에 또 오잖아.

아 들: 아, 예.

상담사: 이걸 모아놨다가 엄마 아빠 좋아하는 걸 사드려야지, 그리
고 어버이 날 때도 선물해드려야지.

아 들: 예.

상담사: 내년이면 중학교 1학년이잖아.

아 들: 예.

상담사: 중학생이면 당연히 기념일 날 선물을 해드려야지, 엄마 아
빠 기쁘게.

아 들: 예.

상담사: 그러면, 어구 우리 하동이 착하구나 하고, 용돈도 많이 주고.

아 들: 예.

상담사: 하동이가 잘하면, 엄마 아빠도 잘하겠지?

아 들: 예.

상담사: 하동이가 친구한테 잘해주면 그 친구가 잘해주듯이 엄마
아빠는 얼마나 더 잘해주겠어?

아 들: 예.

상담사: 엄마 아빠가 하동이 사랑하는 거 알고 있니?

아 들: 예.

상담사: 그런데 엄마 아빠가 싸우고 그럴 때 많이 힘들잖아.

아 들: 예. (부모의 싸우는 모습을 본 아이는 망망대해에서 침몰하는 배 위에 서있
는 것 같은 무력감을 느낀다. 분노가 가득한 눈빛으로 노려보면서 고성이 오
가는 정도의 싸움은 아이의 연령이 많고 적음에 상관없이 아이에겐 언제 자
신이 버려질지 모른다는 심한 불안감을 준다. 부부싸움을 목격한 아이는 심
하게 맞은 것 이상의 고통과 불안을 느끼게 된다.)

상담사: 그때는 어떻게 해?

아 들: 그때는… 그때는 그냥 말려요.

상담사: 그냥 말려, 말려 봤어?

아 들: 예.

상담사: 그때 아빠가 술 취했어, 안 취했어?

아 들: 취했어요.

상담사: 술 취했어, 그래도 아빠 싸우지 마세요. 그러면 아빠가 뭐라
        그래?

아 들: 그러면 알겠다고 하면서 자는데….

눈높이상담을 통하여 아들의 하루일과와 가족들 생활 그리고 또래 생활을 탐색하였다. 부의 음주 귀가 후 가정폭력이 자주발생하고 있으며, 부모의 싸움으로 인하여 마음의 상처를 많이 받고 있음을 알 수 있었다. 아이들은 자신의 선택과 상관없이 천성적으로 의존적이며, 도움을 받으며 양육된다. 아이는 어른과 달리 그가 가진 자원으로는 필요한 것을 충족할 수 없기에 욕구 충족을 위해 양육자에게 의존해야 하며, 양육자는 발달단계마다 필요한 욕구를 알아주고 충족시켜주어야 아이는 바르게 성장한다.

아들은 가정에서 부모로부터 받아야할 기초적 인성교육을 받지 못하여 자신의 행동에 대하여 옳고 그름의 판단이 안 되고 있었다. 따라서 기본적 인성함양을 위해 인사예절, 바른말하기, 바른 자세 갖추기 등을 체험할 수 있도록 상담사가 아들과 함께 실연하여 몸으로 체험하게 하였다.

막내 아이는 1년 넘게 지역 내 아동상담기관에서 상담을 받고 있는 중인데 변화가 없으며 상태가 점차 더 안 좋아지고 있다. 막내 아이가 학교에 늦는 것이 일상사가 되었으며, 아이 아버지가 힘들게 해서 올 여름에 쉼터로 보내려고 하였다고 하였다.

상담사: 하동이는 언제부터 상담을 받기 시작한 거예요.

어머니: 그게 그러니까 갑자기 아빠 일로 심해진 거예요. (내담자는 상담사의 질문과는 다른 대답을 하고 있다. 이는 정신적으로 혼란한 상태이며, 어느 한쪽으로 생각이 치우쳐 있으며, 핵심감정 안으로 다른 사고를 받아들이지 못하기 때문에 나타난다. 따라서 내담자의 상황을 따라가 보기로 하였다.)

상담사: 아빠하고 부부싸움?

어머니: 예, 그런 거를 봐가지고 인제 완전히 어르신한데 인제 막 함부로 욕 해버리고 갑자기 그랬어요. 순식간에 그러더라고요. 아빠가 그러니까.

상담사: 애가 언제부터 그러기 시작하였나요?

어머니: 올해 8월 달에 그랬어요.

상담사: 8월부터 갑자기 안 좋아지기 시작한건가요?

어머니: 그러니까 4월부터 계속 그러기 했어요.

상담사: 4월부터 어른한테 막 욕을 하고 아빠한테 어떤 일이 있었죠?

어머니: 아빠하고 인제 엄마하고 싸우니까 말리다가 아빠 여기를 꽉 잡은 거야. (목을 잡는 흉내를 낸다.)

상담사: 목을 꽉 잡았어요?

어머니: 예, 하동이가.

상담사: 하동이가?

어머니: 예, 내가 이렇게 잡았잖아, 이렇게, 그러니까 얻어맞으니까 엄마 비키라고 하더니 지가 그러는 거야, 그러다보니까 아빠가 가만있겠어, 술 취한 김에 목을 잡았다는 등 욕을 칵하며 놓으니까 자동으로 목 졸랐다고, 어, 너 목 졸랐어 그리고 애를, 막 흥분해가지고 여기다가 심지어는 한번은 또 그걸로 끝냈는데 (격앙된 목소리로) 또 한 번은 싸움이 터져가지고 하동이를 가지고, 너 목 졸랐지 어, 그러면서 이 새끼야 하면서 머리를 때려가지고, 여기가 찢어 졌어 (머리를 가르치면서)

상담사: 하동이가 머리가 찢어졌어요?

어머니: 예, 그렇죠. 약간 찢어져 가지고, 내가 거기다 약 발라주고….

가족치료는 가족을 하나의 체계로 보며, 그 체계 속의 상호 교류양상에 개입함으로써 개인의 증상이나 행동에 새로운 변화가 일어나도록 추구하는 치료적 접근법이다. 가족치료자는 가족을 하나의 역동적 구조이며, 물리적 또는 정서적으로 공간을 공유하는 개인들의 집합체 이상으로 보았다. 왜냐하면 개인은 가족 속에서 다른 가족성원들과 끊임없이 상호작용을 하면서 나름대로의 독특한 역할이나 규칙을 만들어 내기 때문이다. 따라서 가족치료는 생활체계 안에서 발생하는 과정을 중시한다(김유숙, 2005: 21). 가족치료에서는 부모와 청소년

사이에 이미 있어야 했던 격리 개별화의 미완성으로 인한 투사적동일시와 격리개별화를 상실한 것에서 연유된 우울증과 같은 문제들을 지속적으로 해석해 줌으로써 시간의 흐름과 함께 격리의 의미를 이해하고 개별화를 경험하게 함으로써 점차 자율성을 획득할 기회를 가지게 해야 한다. 부모의 투사에 의한 제한을 적게 받을 때 청소년 또한 투사적인 방어를 포기하고 개별화를 위한 새로운 가능성을 갖게 된다.

내담자는 아들이 시간이 지날수록 일탈하는 모습에 어찌할 바를 모르고 있었다. 그러나 아들은 부모의 경계선 성격장애로 인한 부정적 삶의 방식에서 자신을 지키려고 방어기제를 쓰고 있는 것을 알게 되었다. 이는 가족 내 역기능적 체계와 인성교육 부족으로 인하여 현재의 어려움이 나타나게 된 것이다. 아들의 행동에 관한 재정의와 피드백을 해주었다.

제14회 상담

아들은 약속시간보다 40분 늦게 왔으며, 지난시간과 마찬가지로 슬리퍼를 신고 왔다. 상담 받는 것에 부담감은 있으나 스스로 상담 받으러 온 것은 상담에 관심이 있기 때문이다. 지난주 생활과 변화에 대하여 말문을 열었으며, 표정이 어두웠다.

상담사: 오늘은 어떻게 지냈어? (아들의 표정이 무거워 보였다. 이러한 상황에서도 상담을 받으러 온 것은 자신의 현재의 어려움을 해소하고, 심리적·정신

적 에너지의 충족을 받고자 한 것이다. 따라서 지지와 칭찬을 통하여 아들

의 정신적 세계를 조망하였다.)

아 들: 오늘요?

상담사: 아침부터 쭉 이야기 해 줄래?

아 들: 아침에 일어나서?

상담사: 몇 시에 일어났어?

아 들: 7시요.

상담사: 7시에 일어났어?

아 들: 예.

상담사: 부지런하구나.

〈중 략〉

상담사: 지난주에 상담받고 일주일이 지났잖아.

아 들: 예.

상담사: 그때가 언제지?

아 들: 화요일 날….

상담사: 화요일 날 받았지 그리고 일주일 지났고 오늘은 월요일에 하

기로 했지?

아 들: 예.

상담사: 오늘 상담 받으러 왔지만 조금 늦었고.

아 들: 예.

상담사: 그래, 그렇게 늦을 때에는 전화기 있지?

아 들: 예.

상담사: 전화를 해줘야지.

아 들: 전화번호 모르는데.

상담사: 그러면 상담 후 전화번호 적어 가.

아 들: 어.

상담사: 다음에 늦을 때에는 "학교에서 이제 끝나서 몇 분 후에 가겠습니다." 하고 전화해줘, 그래야지 준비하고 기다리고 있다가 '하동이가 늦는구나.' 생각하고, 선생님이 다른 일을 하고 있다가 다시 상담하잖아

아 들: 예.

상담사: 그런데 선생님한테 알려주지도 않고 늦었어, 약 40분 정도 늦었지?

아 들: 예.

상담사: 그 40분은 하동이가 무슨 일이 있나 막 걱정을 하고 있었어.

아 들: 예.

상담사: 오다가 무슨 일이 생긴 건가하고.

아 들: 예.

상담사: 그렇게 걱정 끼치게 하고 그러면 안 되지?

아 들: 예.

상담사: 지난주 상담 받고 집에 갈 때 과제를 내 준 게 있었지?

아 들: 과제요. 뭐요.

상담사: 과제를 잊어버렸구나, 세종대왕님 책 읽기.

아 들: 아, 맞어.

상담사: 안 읽었구나.

아　들: 예.

상담사: 세종대왕님 좋아한다면서

아　들: 예, 근데 깜박했어요.

상담사: 그러면 오늘은 상담실 나가면 세종대왕님 읽어봐야지, 하동이가 좋아하는 위인이라면서.

아　들: 예.

아들은 약속시간에 늦는 것에 대하여 미안함이 없었다. 이는 기본적 인성교육의 부족인 것이다. 따라서 약속시간에 대한 피드백을 해주었으며, 바른 복장과 자세, 인사하기를 상담사와 아들이 함께하여 몸으로 체험하게 하였다. 아들은 상담사의 코칭에 거부감을 느끼지 않고 잘 받아들였다. 과제로 오전 8시 등교 후 학교선생님에게 바른 자세로 인사하기, 예습 또는 복습하기, 용돈 사용처 말하기, 좋아하는 위인전을 읽고 독후감쓰기를 내주었다.

─────────────── **제15회 상담** ───────────────

내담자는 아들이 두 가지만 바뀌었으면 좋겠다고 하였다. 일찍 일어나서 학교에 늦지 않게 가는 것과 성적을 올리는 것을 상담을 통해서 변화시키고 싶다고 하였다.

상담사: 하동이가 가지고 있는 문제를 다 고치기는 어려워요. 지난
번에 이야기 했듯이 일반적인 아이들처럼 됐으면 좋겠다. 거
기까지가 상담목표라 생각하면 될 거예요.

어머니: 지금까지도 제 시간에 학교에 참석하기가 힘들어요. 아직까
지 아이가 학교에 늦게 가고, 늦게 일어나고 완전히 그게 해
서, 좀 더 지가 일어나는… 그거 한 가지만 잡아도 중학교에
가서 문제가 안 되는데, 이게 인제 거의 끝 나가는데 이게 인
제 가서 할지, 이게 인제 거기서도 하지 못해서 다른 데로 옮
겨야 할지, 이런 게 조금 염려가 되거든요. 사실….

상담사: 그래요. 사실 이게 첫 번째 목표네요. 두 번째 목표는?

어머니: 지가 이제는 성적 좀 올렸으면 좋겠어요.

상담사: 성적을 올렸으면?

어머니: 예.

상담사: 하동이가 공부를 하고 싶어해요. 하고 싶은데 수학이 자신
이 없데요.

어머니: 아, 그래요.

상담과정에서 가장 어려운 것 중의 하나가 내담자의 감정 상태를
알아차리는 것이다. 내담자의 감정적 상태에 대한 알아차림은 정동적
반응의 주관적 표현과 객관적인 경험의 내용 모두를 이해하고 있어야
가능하기 때문이다. 내담자는 또래 아이들이 갖추고 있는 생활태도를
아들도 갖추어지기 바라는 것을 알 수 있었다. 이를 위하여 인지 재구
조화와 생활의 변화에 관하여 피드백을 해주었다. 또한 '내담자의 사

고의 유연성과 아들이 일정시간 숙면을 취할 수 있도록 하려면 어떻게 하는 것이 바람직한가?'라는 과제를 내주었다.

제16회 상담

내담자는 코 윗부분에 심한 멍이 들어있었고 입이 약간 찢어져 있었다. 남편이 새벽 1시에 들어와서 술주정하고 자다가 발로 걷어차서 상처가 생겼다고 하였다. 또한 아빠가 엄마를 발로 찼다면서 하동이는 언성이 높아지고, 새벽 3시까지 싸우다 잠들었다고 하였다. 내담자는 지금 이 상태로 도저히 더 이상 살기 어려워 이혼하기를 원하고 있다고 하면서 말문을 열었다.

어머니: 오늘 새벽에도 그렇고요. 주일날도 마음을 비웠거든요. 사실….

상담사: 마음을 비웠어요.

어머니: 이게 만만치가 않아요. 고문이에요. 고문…. 저는 어떻게 되든 괜찮은데, 아이들이 문제에요. 이제 아빠가 요사이에는 집에 있잖아요. 있으니까 애 꼴을 다보고 있잖아요. 너 그렇게 해서 중학교에 갈 수 있냐, 일찍 일어나지도 못하고 9시에 일어나면서 그렇게 해서 중학교에 갈 수 있냐, 평상시 그렇게 했으면 말을 했으면 그 아이는 알아듣는 아이에요.

상담사: 하동이를 이야기하는 거예요?

어머니: 예, 막내 하동이요. 6학년짜리한테 허구헌 날 그렇게 그러
니까 약점이 잡힌 거야. 이젠 둘은 건들지도 못하고 그러면
그런가 보다 하지 하동이는 만만치 않거든요. 엄마 때리거나
하면… 오늘 새벽에 2시에 있었던 일이에요. 주일날도 2시에
그랬고 날마다 그래요. 꼭 똑같은 시간에.

상담사: 똑같은 시간이라면 몇 시를 이야기하는 건가요.

어머니: 항상 2~3시….

상담사: 새벽 2~3시요?

어머니: 예, 잔뜩 술 먹고… 나가서 술 먹고 들어오지 뭐하고 있다
오겠어요. 이사람 저사람 만나봐야 하나 쓸 만한 사람이 없
어요. 사업하다 망한 사람이라든가, 이혼한 사람이라든가 그
런 사람들 만나서 그 속에서 뭘 배우겠어요. 허구헌 날 폭력
하는 거 하고 집나간 여자들 이야기나 하고 거의 다 그래요.
그 세계는… (술을 마시는 남편과 바가지를 긁는 아내의 경우 서로의 단
점을 바라보기에 갈등이 시작된다. 술을 마시는 남편은 자신이 보는 현실을
전부라고 생각하고, 바가지를 긁는 아내는 자신이 보는 현실을 전부라고 생각
한다. 남편과 아내는 서로의 행동에 정당성을 부여하고 남편은 음주 후 가정
폭력을, 아내는 지속적인 바가지를 긁으면서 역기능적 삶을 이어가게 된다. 매
를 때리고 맞는 남편과 아내의 부부체계에 내재된 병원의 실체와 부모 자녀
간에 밀고 당기는 분열현상 때문에 학대를 받으면서 학대를 하는 가족구성원
간의 문제해결을 위해서는 관계 속의 의미를 알아야 한다. 이를 통하여 관계
가 의미하는 기대를 파악하고 그 속에 내재된 가족병리를 치유하여야 한다.)

상담사: 남편분이 만나는 사람들이 대다수 이혼을 했거나 부인이

집을 나갔거나 사업에 실패한 사람들, 안 좋은 어두운 사람
들…?

어머니: 예, 몇 번 장가간 사람들, 어떻게 그런 사람들만 만나는지
희한해요.

〈중 략〉

상담사: 그나저나 코는 괜찮으세요.

어머니: 아침에 일어나니까 "엄마 코가 부은 것 같아", 애가 그래요.
(코를 만지며) 여기가 빨가네, 부었네, 애들 아빠가 갑자기 누워
있다가 발로 확 차서… 태권도 돌려차기로, 탁 정통으로 맞
은 거야, 여기가 (코를 가리킨다.)

상담사: 뼈는 괜찮으세요?

어머니: 모르겠어요.

상담사: 병원에 가보셔야 할 것 같아요. 지금 멍이 심하게 들어있고,
코도 연고를 바르시고, 입술도 약간 찢어진 것 같아요.

어머니: 예, 지금….

상담사: 예, 지금, 여기 멍든 자국이 심해요.

어머니: 코피가 안 난 게 다행예요.

상담사: 코뼈는 괜찮은지 모르겠어요. 내가 볼 때, 우선 병원에 가
서 치료를 받으셔야 되지 않을까 생각되네요. 하동이와 중
동이 역시 마음이 많이 힘들 거예요.

어머니: 엊그제 동사무소에 가서, 거기 저 뭐야 문화상품권 타서 그

거는 책방에 가서 지네들 좋아하는 만 원짜리 책들을 하나
씩 샀어요.

상담사: 잘하셨네요.

인간은 의사소통을 통하여 서로 간의 이해를 증진시키며, 상대방에
반영된 자아를 인식하게 되고, 이러한 일련의 과정을 통해 상호간에
긍정적이고 우호적인 인간관계를 발전시켜 나간다. 그러나 신념, 감정,
느낌의 표현 등 자신의 솔직한 의사를 전달할 수 없을 때 갈등이라는
역기능적 현상을 초래한다. 내담자는 부부갈등의 주된 원인이 되고
있는 역기능적 의사소통 방식에 대해 인식하지 못하고 남편의 가정폭
력을 원망하고 있었으며, 남편은 의처증과 함께 피해의식이 많은 것을
알 수 있었다. 따라서 남편의 행동에 관한 원인을 살펴보고 이해할 수
있도록 재명명화 해주었다. 이와 함께 아들은 속옷에 변을 지리지 않
으며, 자기 일을 스스로 하려고 노력하는 등 달라지고 있음을 알 수
있었다. 따라서 아들에 관한 재정의와 삶의 질 향상을 위한 피드백을
해주었다. 그리고 아들이 공부할 수 있는 분위기 조성과 충분한 수면
을 취할 수 있도록 과제를 내주었다.

제17회 상담

이번 회기는 상담을 배우는 수련생이나 초심자 그리고 상담에 관심
있는 사람을 위하여 30회기 다음에 축어록 형식으로 전 과정을 제시

하였다.

제18회 상담

내담자는 지난주에 구청 사례관리자 소개로 변호사를 만나 이혼문제를 상담하였으나 재산분할 문제로 다시 생각해 본다고 하였다.

상담사: 영희 씨 생각은 그럼 별거를 생각하고 있는 건가요. (병리적 생활사에 대한 정보가 부족하면 내담자의 정서적 갈등을 발견하는데 어려움이 많고 내담자의 증상에 대한 증상학적 단서를 찾아내는데 어려움이 있다. 특히 내담자가 경계선 성향이라면 자신과 남들에 대한 태도가 좋은 것(all good)과 나쁜 것(all bad)으로 분열되어 나타나기 때문이다. 또한 자신의 행동에 대해 스스로 당위성을 부여하고 합리화시키는 경향이 많다. 내담자는 이혼을 이야기하고 있지만, 상담과정에서 보이는 태도는 이혼을 원치 않고 있기에 별거를 원하느냐고 하였다.)

어머니: 이혼을 생각하고 있어요. 내가 나가면 이런 문제도 없죠. 먹는 거야 뭐 산사람은 다 끓여먹어요….

상담사: 영희 씨 생각이 중요해요. 영희 씨는 지금 아이들을 책임을 지고 있잖아요. 가정에 가장역할을 하고 있는 상황이고, 지금도 아이들은 정서적으로나 심리적으로 힘들고 어려울 거예요. 이제 어려웠던 부분을 하나하나 풀어줘야 되지 않을까 생각해요. 그래도 어려운 환경에서 아이들이 일탈되지 않

은 것은 영희 씨가 가족을 위해서 헌신적으로 노력해서 된
것이 아닌가 생각해요. 지난번에도 이야기 하였지만 가정의
안정을 위해서 어떻게 해야 할지 생각해보라고 했는데, 영희
씨가 생각한 것은 이혼 쪽으로 생각하셨네요.

어머니: 이혼 목적으로 하고 있는데 그게 안 될 것 같아요. 되긴 되
는데 그게 6개월이 걸릴지 1년이 걸릴지 모르겠어요. 선뜻
그게 이렇다저렇다 정답은 없어요. 그게 그 사람도 가진 게
없고 나도 가진 게 없는데 다만 인제 이 아이들이 어떻게 자
랄지 그게….

상담사: 하동이는 어땠어요. 지난 일주일…?

어머니: 하동이는 거기 상담을 받던 데서 마무리를 하나 봐요. 12월
에 연락받아서 이제 끝난 상태인가 봐요. 여기에서 상담을 8
번인가 그 생각을 하고 있나 봐요. 이젠 상담을 받아야겠다
고… 그 이야기를 어제도 하더라고요.

내담자는 이혼을 원하는 마음과 어렵게 이룬 가정을 지켜야한다는
이중적 생각에 갈등하고 있었다. 자유연상으로 과거를 탐색하면서 힘
들었던 시기를 살펴보고 직면시켰으며, 이를 통하여 과거의 미해결과
제가 현재에 미치는 영향을 알 수 있었다. 친정어머니가 20년 전에 돌
아가셨으며, 성장기에 불우했던 경험들을 떠올리며 괴로워하였다. 내
담자는 자신의 의지와 관계없이 가족이 해체되어 유년기에 견디기 힘
든 분리불안과 피해의식이 무의식에 자리 잡아 가정을 지켜야 한다는
강한 집념을 가지게 되었음을 알 수 있었다. 따라서 문제로부터 회피

가 아닌 직면을 하게 하였으며, 구체적으로 어떻게 가정을 안정시킬 것인지 과제를 내주었다.

제19회 상담

인간의 삶은 대상과의 관계 속에서만 인간으로서의 생존을 가능하게 하고 그 관계가 단절되었을 때는 삶이 갖는 가치와 이유를 상실하게 된다. 삶과 죽음을 연결하는 심리적 에너지의 모든 것이 관계에서 비롯되기 때문이다. 아들은 청바지에 잠바, 운동화를 신고 왔으며, 4주 만에 상담을 받으러 왔다. 지난 상담 후 아들에게 많은 변화가 나타났다. 어른을 대하는 태도, 인사, 상담에 임하는 자세, 옷차림 등이 단정하였다. 상담은 일주일에 1시간 동안 정도 진행되지만 내담자는 상담 후 일주일간 167시간을 준비하는 것이다. 그러나 아들은 3주를 빠졌으므로 503시간 만에 상담을 받으러 왔으며, 그동안 과제이행을 성실히 하였음을 알 수 있었다.

상담사: 방학하면 뭐하고 싶을까?

아 들: 저요. 그냥 놀고 싶어요.

상담사: 그냥 놀고 싶어…? 이제 하동이가 얼마 안 있으면 중학생 되잖아.

아 들: 예.

상담사: 중학생 되면 준비할 것도 있을 텐데?

아 들: 예.

상담사: 뭐가 필요할까? 중학생 되면?

아 들: 중학생 되면요. 몰라요.

상담사: 뭐가 필요한지 아직 생각 안 해봤어

아 들: 예.

상담사: 우선 중학생 되면.

아 들: 중학생 교복요.

상담사: 그렇지, 교복도 필요하겠다. 교복도 맞춰야 되겠다.

아 들: 예.

상담사: 학교는 배정 받았어?

아 들: 아니요. 2월 달에.

상담사: 2월 달에 배정 받는구나, 그럼 이제 중학생인데 머리도 단정
         하게 하여야 하고, 이제 중학생이니까 중학생답게 생각해야
         지….

아 들: 예.

상담사: 그리고 또 뭐가 필요할까?

아 들: 그리고 또요. 없잖아요.

상담사: 없는 것 같아…? 중학생 되면 어떻게 할 것인가, 마음가짐이
         필요하지.

아 들: 예.

상담사: 하동이가 방학이 되면 부족했던 공부를 해야 될거야.

아 들: 예.

상담사: 그럼 뭐가 부족할까?

아 들: 저요. 수학.

상담사: 수학, 수학이 부족하면 보충을 해줘야 하잖아.

아 들: 예.

상담사: 영어는 괜찮아?

아 들: 아니요, 영어도 부족해요.

상담사: 영어도 부족하고, 수학도 부족하고?

아 들: 2개만.

상담사: 국어는 괜찮아?

아 들: 예, 국어는 괜찮아요.

상담사: 국어를 잘하는 구나, 그러면 수학하고 영어가 부족한데 어떻게 하면 좋을까?

아 들: 저요. 알려달라고 해야죠.

상담사: 누구한테

아 들: 형한테.

상담사: 형한테 알려달라고…? 그럼 학원이나 EBS 교육방송에서도 중학교 1학년 수학이나, 초등학교 6학년 수학을 하지?

아 들: 예.

상담사: 그런 거 한 번 봤어?

아 들: 아니요. 한 번도 안 봤는데요.

아들은 공부는 하고 싶은데 수학하고 영어의 기초가 부족하다고 하였다. 따라서 공부 방법에 관하여 코칭(coaching)해 주었다. 이와 함께 눈높이 대화훈련, 인사하기, 올바른 자세 갖추기 등을 함께하여 몸으로 체험하게 하였다. 또한 독후감쓰기, 일과표 만들기, 수학, 영어공부를 어떻게 할 것인가, 일주일간 생활에 대하여 이야기하기를 과제로 내주었다.

—————— 제20회 상담 ——————

내담자는 앞으로의 계획은 아이들을 쉼터로 보내는 방법, 남편과 이혼하는 방법, 남편을 알코올중독 치료하는 시설로 보내는 방법을 생각하고 있는데, 알코올중독 치료를 위하여 입원시키면 30만원 들어가는데 생활이 어렵다고 하였으며, 과거의 어두운 경험에 대하여 지속적으로 말하였다.

어머니: 나는 두 가지 중에 한 가지를 선택하는 거예요. 애들을 갖다가 이젠 기숙사 있는 학교에 보낼 것인지, 아니면 이젠 아이아빠하고 이혼을 할 것인지… 알아보니까 30만원, 치료하는데 30만원 다달이 들어간다고 하더라고요. 그러면 생활이 안 되잖아요. 그러면 뭐 70만원 생활비로 다 들어가는데 생활이 안 되잖아요. 애들도 생활이 있는데 일단은 상의를 해야 될 것 같아요. 우리가 재산도 없으니까 뭐야 저기 뭐야 아직 확실한건 몰라요. 아빠를 일단은 약물치료를 하게끔….

(학대하는 남편과 학대받는 아내는 그들이 어린 시절에 내재화된 나쁜 대상에게 완벽하게 종속되어 있다는 것을 상호 호소하는 무의식적 내용과 이 세

상에서 서로가 서로를 믿고 사랑해서 선택했다는 것과 서로를 사랑하게 될 것이라는 사랑의 약속을 믿고 있다는 데 또한 문제가 있다. 이러한 상호 관계적 의미 때문에 서로가 떠나지 못하게 된다. 따라서 상호 학대적 관계를 맺고 있는 부부를 치료하는 방법은 어린 시절에 상실한 상징적인 대상의 친밀함을 새롭게 경험하도록 퇴행시키는 것이다.)

상담사: 약물치료, 알코올중독 치료를 받게 하겠다는 거죠.

어머니: 예, 우선 제가 그것을 선택한 거예요. 이혼은 일 년이 갈지 이 년이 갈지 모르니까요. 6개월이 걸릴지 그렇게 시간이 걸린다고 하더라고요. 상담을 받아보니까 우선 그게 아니에요. 치료받는 게…

상담사: 상담을 받아보니까 우선 시설로 보내서 치료받게 하는 게 좋겠다는 거죠.

어머니: 예, 그렇죠.

상담사: 그러면 아이들하고 아빠하고 분리가 되기 때문에 그런 단계를 밟으면서 가정안정을 위해서 노력을 해왔다는 거죠.

어머니: 예, 그렇죠. 이제 할 거예요.

상담사: 지금 현재 상황보다는 나아져야 해요. 선택은 영희 씨가 하는 거예요. 다만 지금은 아이들을 위해서 이렇게 살아서는 안 되겠다는 생각을 하신 거고, 그래서 대안도 영희 씨가 찾아내야 되요. 지금까지 이야기 하셨듯이 아이들을 쉼터로 보내는 방법, 남편과 이혼하는 방법, 남편을 알코올중독 치료하는 시설로 보내서 입원시키는 세 가지 방법을 이야기 하셨거든요. 세 가지 중 남편을 치료받게 하려고 하는 것 같은

데 어떻게 진행하려고 하는지요.

어머니: 아, 우선적으로… 그 선생님을 만나야 방법이 있을 것 같아요.

상담사: 그 선생님이라면?

어머니: 구청 조진실(가명) 선생님요.

상담사: 조진실 선생님요?

어머니: 왜냐하면 그 선생님이 우리 애기 아빠를 만나서 결정을 하
신다고 했거든요. 그런데 아직 만나지 못했어요. 아빠가 안
만난 거죠. 이젠 우선적으로 이젠 자꾸 자기 속이 아퍼 가지
고 그게 속이 먹으면 당연한 거고, 내가 처음부터 그 방법을
선택했던 거예요. 그런데 엄두가 안 나서 구청에 내가 몇 번
찾아갔어요. 사실 상담을 받아봤어요. 해결을 하지 못했지
만은 그래도 일 년 이 년 끌어왔네, 끌어왔는데 이젠 좋은
방법으로 이끌려고 노력 중이니까, 우선은 그 사람을 만나봐
야 될 것 같아요. 결말이 나오는 거고 그런 것 같아요.

가족치료자는 현재의 어려움뿐 아니라 고착과 퇴행적인 대처유형을
알아내야 한다. 가족성원의 분리와 투사현상이 다른 가족에 의해서
받아질 수 있도록 도와야 한다. 가족이 서로 지지하고 친밀한 관계를
맺기 위한 시도를 할 때 분리와 투사현상은 줄어들며, 개인 안에서의
좋은 모습과 나쁜 모습의 통합도 이루어진다(김유숙, 2005: 109). 내담자
는 남편의 알코올중독 치료와 아들이 변하는 모습을 바라는 등 가족
구성원을 위한 현실적인 문제의 대안을 찾기 시작하였다.

아들은 지난 일주일 생활과 공부하는 방법에 관하여 말하였다. 복습은 잘하고 있고 독후감은 네이버를 검색했는데 형이 와서 못했다고 하였다. 도서관 위치도 모르고 하루에 30분 정도 공부를 한다고 하였다.

상담사: 하동이는 키하고 몸무게는 어떻게 돼?

아　들: 키는 안 재봤고요. 몸무게는 6학년 때요….

상담사: 키는 안 재봤고, 그러면 다음 주에는 목욕탕 가지?

아　들: 예.

상담사: 목욕탕가면 키 재는 거 있지?

아　들: 예.

상담사: 키도 재고 몸무게 잴 수 있잖아.

아　들: 예.

상담사: 최소한 내 몸무게가 얼마고, 키가 얼만지 알고 있어야 되잖아. 다음 주에는 키와 몸무게가 얼마나 나가는지 알아가지고 오자.

아　들: 예.

상담사: 지난주 과제가 있었지?

아　들: 과제요. 복습하는 거요.

상담사: 예습, 복습은 어떻게 잘하고 있어?

아　들: 예, 잘하고 있어요.

상담사: 지난주 과제가 아마….

아　들: 3개 아니 4개.

상담사: 4개 맞아, 똑똑하다 하동이 잘 기억하고 있네. 그럼 몇 개 했나 볼까, 독후감은?

아　들: 그거요. 학교에 안가서 네이버에 검색했는데요. 형이요, 그때 놀고 와 가지고요. 형이 집에 있어서 못했어요.

상담사: 그럼 책은…? 하동이가 존경하는 위인이잖아, 존경하는 위인의 책을 한 권 사든지, 아니면 도서관에 가서 보든지, 도서관 이 지역에 있지?

아　들: 도서관요. 어디요?

상담사: 다른 사람에게 물어봐, 이 지역에 도서관이 어디 있나. 도서관에 가보면 책들이 굉장히 많아, 안 그러면 한 권 사는 것도 괜찮아

아　들: 예.

아들은 과제에 대하여 부담을 느끼면서도 과제를 하려고 노력하는 것을 알 수 있었다. 지지, 격려, 칭찬과 함께 현재 어려운 일들을 표현해 보도록 하였다. 아들은 표정이 밝아졌으며, 자존감이 향상되어 자신의 행동에 대하여 설명하고 합리화하기 시작하였다. 또한 상담사의 피드백 내용을 스폰지가 물을 흡수하듯이 받아들이고 있었다. 이와 함께 공부하는 방법과 키, 몸무게 알아올 것, 일과표 만들기, 일주일간 생활에 대하여 이야기하기를 과제로 내주었다.

내담자는 남편이 어제 저녁에 음주 후 귀가하여 방에다 토하였으며, 가정폭력으로 인하여 견디기 힘들었다고 하였다. 이와 함께 시가집과 큰동서와의 갈등에 대하여 이야기하기 시작하였다.

어머니: 저기 뭐야, 1월 달에는 확답이 없고요. 2월 달 가서 아빠를 입원을, 저기 뭐야 일도 할 게 없으니까 봐서, 이젠 6개월이나 봐서, 3개월이나 아빠 상태 봐서 입원을 해야할 것 같아요 그게 마음에 확 다가오고요. 엊그저께 아버님 생신이었어요. 근데….

상담사: 시아버님 생신요.

어머니: 예, 근데 우선적으로 애기 아빠가 찾아가거나, 돈을 부쳐드리거나 그렇게 해야지 되는데, 여지껏 그렇게 했어요. 근데 돈이 있으면 5만원도 부쳐드리고, 있으면 10만원도 우리가 안가더라도 돈으로 부쳐드리고 했었는데, 그렇게 했었는데 그거조차도 없는 거예요. 그러니까 원주에서는 자꾸 난리가 나죠. 소식도 없고 올 생각도 안하고 관심도 없이 돌변하니까 왜 그러느냐….

상담사: 전화가 왔었나보죠?

어머니: 예, 수시로 와요.

상담사: 수시로 와요?

어머니: 아버님은. (하하하)

상담사: 이제 함께 걱정이 되는가 봐요?

어머니: 어머니야, 이자 내가 가끔씩 전화를 드려요. 가끔씩 항상 연락을 드려요. 김장철 되기 전에 갔다 오려고 했었어요. 그것조차도 이젠 형님이 계시잖아요. 식당을 하고 계시는데 먹는 것조차 힘들어요. 한번 가면 우리는 식구가 많잖아요. 우리는 먹는 거 가지고 신경을 안 쓰거든요. 그런데 그 사람들은 먹는 거 가지고, 힘들어하는지 난 이해가 안가요.

상담사: 먹는 것에 막 눈치를 주고?

어머니: 예, 어쩌다 만나서 일 년에 두세 번인데 많아봐야 근데 먹네, 안 먹네… 가서 한번은 싱크대에서 갔어, 싱크대 있는데서 가면 식구들이 많잖아요. 가면 이제 여주에서 형님 댁에서 큰일을 치를 때가 있어, 그럼 모임 있을 때마다 내가 갈 때가 어디가 있었어, 방이 3개인데다 그 많은 사람들 내가 같이 저기 하는 타입은 아니거든요. 항상 그때 앙금이 있어가지고 항상 이렇게 뭐라 그럴까 친하지 못해요. 한번은 내 밑에 있는 동서가 두 동서가 있지만 내가 결혼하기 전에 밑에 동서가 하고, 내가 하고나서 막내동서가 했어요. 했는데 그 밑에 있는 동서들은 괜찮은데 그 형님은 찾아오는 것조차, 먹는 것조차, 싸가지고 가는 것조차, 뭐 그렇게 하는지 몰라….

상담사: 눈치를 준다는 거죠?

어머니: 예, 퍼가지고 가는 것도 아닌데, 얘네 아빠가 좋아하겠어요. 싫어하지, 한번은 형이 도장하고 저기 통장하고 가져오라고

했나 봐요. 가져갔는데 대꾸도 안 하더라고요. 형이 그래 가지고, 왜 불렀냐 그렇게 해가지고, 형으로서도 반발심이 있는 거냐, 자기 혼자 저기 뭐야 어머님, 아버님 아프시면 그걸 갖다가 관리를 도맡아서 해야 되잖아, 사실예요. 사실… 근데 우리는 가면 달랑 밥만 먹고 오잖아, 그런데 내가 치우는 건 다 치우고와요. 이틀 전부터 가가지고 거 뭐라 그럴까 허튼 일을 다 도맡아서 하는 거야.

상담사: 허드렛일을 다해준다고요?

어머니: 예, 다 해주는 거야. 그래도 군소리가 많아….

<중 략>

상담사: 아이들 용돈은 어떻게 주나요. (내담자는 아직까지도 계획성 없이 자신의 생각대로 용돈을 주며 아이를 통제하고 있었다. 오랜 기간 쓰던 방법을 하루아침에 고치기는 어렵겠지만 관심을 갖고 지속적으로 합리적 사고의 전환을 위하여 통찰을 유도할 것이다.)

어머니: 저기 일주일에 만 5천원을 줄려고 그래요. 지금까지는 하루에 2천원도 주고 3천원도 주었어요.

상담사: 그럼 지금까지는 2천원이나 3천원 주었는데.

어머니: 그건 안 된다고 내가 이제, 너도 중학생이니까 저기 뭐야, 해봐라 하니까 받으려고 하더라고요.

상담사: 책임감을 갖고 계획성 있게 살기 위해서 일주일 단위로 주는 것이 바람직하지 않나 생각이 됩니다. 그럼 이제 자연스

럽게 막내 하동이 하고는 일주일에 만 5천원 주기로 타협을
봤네요.

어머니: 예.

상담사: 하동이는 뭐라고 그래요.

어머니: 하동이도 좋다고 그래요.

상담사: 좋다고 해요?

어머니: 예. (하하)

상담사: 잘 됐네요.

어머니: 예.

상담사: 아이가 어제 저녁 일을 생각해보면 그런 일은 일어나서는
안 되지만, 일어난 걸 어떻게 해요. 그래서 있는 그대로 받아
들이면, 그 상황이 굉장히 힘드시겠다고 생각해요… 아이들
도 그때 다 깨어있었다는 거지요.

어머니: 그렇죠.

상담사: 아이들은 뭐라고 그러든가요.

어머니: 그러니까 이게 하루 이틀 있었던 것이 아니라 날마다 일어
나니까 애들이 그늘이 지었죠. 한마디로 말해서 썩 기분은
안 좋아요. 하동이는 발랄한 생기가 있는 건 교회 갔다 오면
발랄해져요. 그게 기도의 능력이라고 하나님께서 받은 기도
에 말하자면 그 저, 저기 뭐야 하나님에 사랑 그런걸 보고 아
가페의 사랑이라고 그러죠. 아가페의 사랑을 받게 되면 자기
도 모르게 우울하다가도, 어둡다가도 생기가 있게 되는 것
같아요. 그래서 내가 무슨 일이 일어나면, 항상 교회로 달려

가서 무릎 끊고 기도드려요. 그런 생활을 하루아침에 이루어진 게 아니라 수년 동안 해왔기 때문에….

상담사: 영희 씨의 그러한 생각과 아이들 양육방식에 의해서 그래도 어려운 환경 속에서 아이들이 삐뚤어지지 않고, 일탈하지 않고 바르게 성장한 것은 영희 씨의 헌신적 노력이 있었기 때문이라고 생각합니다.

어머니: 예.

내담자에 의해서 공급된 부정적인 에너지를 치료자의 중재에 의해서 긍정적인 에너지로 변화시켜야 한다. 이를 위하여 긍정적 에너지 공급의 의미와 방법을 모르고 있었던 내담자에게 긍정적인 에너지를 만들어 주는 방법을 알려주고 이를 활성화하여야 한다. 내담자는 신앙심이 깊으며, 자신의 종교적 신념에 의해서 아들을 데리고 교회에 다니는 것을 알 수 있었다. 따라서 신앙에 관하여 아들의 의견을 존중해주라고 하였다. 또한 내담자는 아들의 용돈은 일주일에 둘째아들 18,000원, 셋째아들 15,000원을 주기로 아이들과 합의하였다고 하였다. 이와 함께 가족 칭찬하기, 아이들 변화 살펴보기, 도서관과 대형서점에 가서 아이들과 함께 책을 보고, 시간보내기 과제를 내주었다.

아들은 어제 부의 술 주사와 폭력으로 늦잠 자서 상담시간에 늦었다고 말문을 열었으며, 지난 일주일간 생활과 장래희망에 관하여 말하였다. 그리고 지난주 과제인 키와 몸무게를 알아왔다.

상담사: 하동이가 오늘은 많이 늦었다. 무슨 일이 있었니?

아 들: 오늘 늦잠 잤어요.

상담사: 늦잠 잤어, 늦잠 자면 아침에 일어나기가 힘들지.

아 들: 예.

상담사: 약속은 지켜야 되는 거야. (아들은 부의 가정폭력으로 인하여 새벽에 잠이 들어 늦게 일어났으며, 상담 시간에 늦게 되었다. 그러나 약속은 서로 간의 신뢰와 믿음으로써 가정 내에서 받아야할 교육임에도 불구하고 아들의 상황은 그러하지 못하였다. 따라서 아들에게 약속의 중요성에 대하여 피드백 하였다.)

아 들: 예.

상담사: 그래야지, 약속은 지키고 싶으면 지키고, 안 지키고 싶으면 안 지키는 것이 아니야, 늦을 것 같으면 전화를 해주어야 하는 거야.

아 들: 777에 9999번이예요?

상담사: 777에 9999(가번)번이다. 앞으로 늦을 것 같으면 전화를 해줘야 해, 그래야 기다리지 않아, 예를 들어서, 하동이가 친구를 11시에 만나기로 했어, 하동이는 10분 전에 나와 있어, 하

동이는 친구가 나오겠지 생각하고 여유 있게 기다리고 있는데, 11시가 되어도 안 나타나, 그러면 하동이는 무슨 생각이 들까….

아 들: 저요?

상담사: 왜 안 나오지, 그렇게 생각하지?

아 들: 예.

상담사: 이제 10분이 지났어, 그러면?

아 들: 전화?

상담사: 전화를 해.

아 들: 전화를 하면?

상담사: 전화를 하면 안 받어, 그러면?

아 들: 전화를 안 받어요. 그러면은 문자 보내요.

상담사: 그래도 소식이 없어.

아 들: 그러면 걔네 집 쪽으로 가 봐요.

상담사: 거기서 자리를 이동해서 가?

아 들: 예.

상담사: 보통 사람들은 약속시간 5분이나 10분 전쯤 나가서 기다리다가 시간이 지나면 왜 안 올까 생각하면서 5분이나 10분 정도 더 기다리다가, 연락을 해보고, 연락도 안 되고 안 오면 그냥 가버려, 정확한 시간에 약속을 지켜야 되는 거야. 약속을 못 지킬 것 같은 아주 급한 일이 생겼으면, 전화를 해줘야 되는 거야. 그래야 상대편이 기다리지 않지.

아 들: 예.

상담사: 지난번에 과제를 내주었을 거야, 어떤 것을 했나 살펴볼까.

아　들: 예.

상담사: 우선 키하고 몸무게는 재봤어?

아　들: 예.

상담사: 얼마나 돼?

아　들: 키가 139cm, 몸무게는 34kg.

과제의 중요한 기능은 실생활의 여러 상황에서 일어나는 문제들을 다루기 위한 심리치료과정이다. 과제를 주는 것은 다양한 문제와 관련해서 사용할 수 있다. 그러나 과제를 실시하는 것이 본질적으로 학습과정을 포함해야 한다. 상담사는 어떤 과제가 유용하고, 어느 정도의 양이 적당한지를 결정한다. 또한 과제를 수행할 때 경험한 어려움을 탐색한다.

　부의 가정폭력과 모의 역기능적 사고로 인하여 아들이 힘들어 하는 것을 알 수 있었다. 아들은 장래희망이 의사라고 하였으며, 의사가 되기 위하여 갖추어야 할 부분에 관하여 피드백을 해주었다. 칭찬, 격려, 지지를 통하여 힘을 북돋아주었다. 과제는 일과표 만들기, 공부하는 방법을 구체적으로 알아오기를 내주었다.

제24회 상담

내담자는 몸과 마음이 불편하여 15년 만에 처음으로 설 명절 때 시가에 안 갔다고 하였다. 시가 동서들과의 갈등과 무시당했던 지난 이야기 그리고 아들과 교보문고에 가서 함께 보낸 시간 등에 관하여 끊임없이 말하였다. 이와 함께 올해 하동이는 어른들한테 봉사하기로 하였으며 용돈은 아이들하고 합의를 하였다고 하였다.

어머니: 아빠가 술을 끊으려고 하는데 마음대로 안 되나 봐요. 노력을 하는데 잘 안되나 봐요. 속이 상한 게 많이 있죠. 시골에 아버님 생신 때도 못가고 이제 그런 것 겹치다 보니까 이번 구정에도 안 간다고 하더라고요.

상담사: 구정에도 안 간다고 그래요?

어머니: 안 간다면 그게 누적이 돼가지고 먼저도 그랬거든… 갔다 왔거든요. 살살 꼬시니까 안 내려갈 수가 없잖아요. 살아생전 자기가 잘살든 못살든 간에 우선적으로 우리가 식구들 중에서 우리가 최고로 많아요. 그러니까 어머니는 항상 내리 사랑이라고 막내를 사랑하는 것 보다, 연약하고 식구들이 저기 뭐야 먹는 것 때문에 어머니가 늘 챙겨주시니까, 마음은 늘 계시고 소망은 우리하고 살고 싶어 하는데 마음대로 안 되잖아요. 지가 없더라도 단돈 얼마라도 쥐고 있어야지 매한가지잖아요. 나한테 미안하다는 이야기 많이 해요. 복덩이가 들어와 가지고 잘하든, 안하든 간에 우선적으로 나를 믿는 거잖아요.

상담사: 시어머니가 영희 씨를 믿는다는 거지요.

어머니: 예, 그렇죠. 아버님도 그렇고.

상담사: 영희 씨를 그 집 시가에서 볼 때 아들 둘도 낳고 그리고 남
　　　편이 어려운 상황인데도 묵묵히 살아보려고 노력을 하고….

어머니: 그건 알고 계셔, 이미 알고 있는 거예요.

상담사: 아, 그러시구나.

어머니: 그래서 다른 며느리한테 용돈을 받잖아요. 그러면 그걸 아
　　　껴 쓰시다가 저한테 건네주기도 해요. 그런데 그게 안쓰럽
　　　죠. 그게… 쌀 같은 거 동사무소에서 싸게 사 먹잖아요. 만
　　　8천 원이나 2만 원이면 사먹을 수 있어요. 시중에 4만 원짜
　　　리보다 훨씬 좋고, 그런 게 좀 있다 보면 어머님 생각이 나
　　　죠. 그래서 챙겨드리려고 어머님한테 전화하니까 민망스러운
　　　가 봐요.

상담사: 영희 씨가 쌀이 들어와서 어머님 챙겨 드리려고 전화를 했
　　　더니 어머니가?

어머니: 안 받겠다고.

상담사: 안 받겠다고요?

어머니: 왜냐하면, 남사스럽다고, 우리가 떳떳한 위치에 있다면 받아
　　　도 상관은 없겠는데, 이자 그렇게 말씀을 하시더라고요. 난
　　　감해가지고 그런 적이 한두 번 있었어요. 그러면 또 용돈을
　　　5만 원 갖다 드리면 안 받으시려 해요. 그것도 가지고 가라
　　　내가 받은 걸로 할께, 근데 그게 말이 안 되거든요. 자주 오
　　　는 것도 아니고, 근데 우리 애기 아빠가 챙겨주는 건 공치사
　　　를 해요. 왜냐하면 내가 어머니를 뭘 어떻게 해서 했다. 공치
　　　사를 하면 치사스런 일이거든요. 사실 부모한테 자기가 하

는 것은 당연한 일인데 그걸 가지고 내가 뭘 했느니, 형한테 알리거나 얕잡아본다고, 이야기를 하니 그게 치사스러운 거예요. 남편이 나한테 대하는 걸 부모한테 하듯이 똑같이 대하면 치사스러운 거예요. 그런 걸 가지고 생색내기를 하는 등 이거 보통 일이 아냐, 안 받는 것이 현명한 판단이야, 아빠가 약간 그런 상처도 있을 뿐만 아니라 아픔이란 게 있기 때문에 감안을 해야 돼요. 도리가 그게 나로서도 그렇게 생각하다가도 욱하면 사람이 감정이 있잖아요. 그걸 억제하려고 나도 많은 노력을 하는데, 요번 주에는 아빠는 자기가 억제하려고 하는데 그게 마음대로 안돼요. 안되는걸 보이는데 그래도 약을 먹잖아요. 약을 먹는데 그게 떨어졌잖아요. 하면서 약을 타와야겠다고 하더라고요. 이번 주에.

상담사: 그 약이라는 게 어떤 약을 말하는 거지요?

어머니: 혈압약, 혈압약이에요. 어머니도 똑같이 혈압약을 드시거든요. 그게 뭐야 그 어머님 성격을 몸에 타고 났으면 역시 어머님하고 같다고 생각해요.

상담사는 상담관계의 시작과 더불어 설정한 상담목표를 어떻게 달성할 것인가와 더불어 종결에 대한 준비를 해야 한다. 종결은 상담부분에서 중요한 부분이므로 계획적이고 기술적으로 다루어야 하며, 상담사는 내담자가 갖는 심리·정서적 요인을 고려하여 신중하게 계획하여야 한다. 상담사는 종결에 대한 방어에 관한 정보를 얻기 위한 방법으로 종결이 다가오고 있음을 언급해야 하며, 명료화, 해석, 구조화 등을 통해 중심문제를 다루게 된다. 상담기간 중 내담자는 상담사에게 의존하게 되며, 종결에 대한 아쉬움과 이별과 분리에 관한 정서를 경험하게 된다. 따라서 상담사는 내담자에게 종결 몇 회기 전에 종결에 대한 고지를 하여야 하며 애도기간을 가져야 한다.

내담자는 남편에 대한 원망과 이해의 양가감정을 가지고 있음을 알 수 있었다. 가족구성원에 대한 남편의 투사적 동일시와 내담자의 남편에 대한 부정적 투사에 관하여 통찰을 유도하였으며, 이를 통하여 직면시키고 재명명(relabeling)하였다. 또한 가족갈등 문제에 관한 명료화와 피드백을 해주었다. 다음 주부터는 아들과 함께 상담하며, 5회 후면 상담이 종결된다고 하였다. 그리고 설 명절 관계로 2주 후 상담하기로 하였다. 과제로 한 주는 도서관, 한 주는 교보문고나 영풍문고에 가서 책을 보고 시간 보낼 것을 내주었다.

제25회 상담

내담자는 지난 설에는 15년 만에 처음으로 시댁에 안 갔다고 말문을 열었다. 마음도 불편하고 몸도 안 좋아 안 갔다. 지난주에는 처음으로 교보문고에 가서 아이들하고 시간도 보내고 책도 샀으며, 새로운 환경을 좋아하였다고 하였다.

어머니: 시골에 못 갔어요.

상담사: 명절날 못 갔어요?

어머니: 예, 항상 갔었거든요. 한 번도 어긴 적이 없었는데 근데 15
년을 넘게 다녔었는데 이자 저번 날에 애기 아빠가 싸워가지
고 저 여기 코 맞은 거가 뒤집어진 거야, 이제 시댁에까
지….

상담사: 시댁에까지 알게 되었어요?

어머니: 예, 알아가지고 그래서 그런 건 아닌데 우리 애기 아빠가 불
만이 많아요. 시댁에 그래서 이번에는 시골에 안가기로… 뭐
전부터도 그런 일이 있었는데 요번 일을 계기로 아빠가 안
간 거예요. 돈도 없거니와 시골에 가면 아무래도 30만 원 정
도는 깨지니까 보통 일이 아니고, 세뱃돈도 만만치 않고, 식
구들은 많고… 하여튼 간에 일이 그것보다도 형하고 사이가
안 좋아요. 담을 쌓고 앉아 있으니까 우리가 안가는 타임으
로 인해서 제사도 못 지냈다고 하더라고요.

상담사: 제사를 못 지냈다고요.

어머니: 예, 말들어보니까 우리는 잘 모르잖아요. 그 내막을 하여튼
간에 병원에 누워있었던 사람도 있었고, 형이 또 왔다갔다
했었고, 형이 여주에 사세요. 그런데 올라온 거예요. 형 식구
가….

상담사: 영희 씨 집으로요.

어머니: 아니지 우리 집은 아니고요. (하하) 우리 집은 올 생각도 안
하죠. 왜냐하면 애 돌 때, 우리 중동이 그때 저기 뭐야 일이
있었어요. 뭐냐… 그때도 돌잔치를 집에서 했었어요. 그러니
까 얼마나 번거롭고 저기 뭐야 뭐… 물질이, 애아빠가 벌지

않은 상태에서 하다 보니 만만치가 않은 데, 형님이 떡 올라
오셔 가지고, 뭐야 뭐 미역국에다가는, 뭐야 마늘을 넣어라,
하여튼 간섭하기 시작하는 거야, 그러면 나는 일 년 먹을 양
식을 저장해야 하는데 자기가 와가지고 이러쿵저러쿵 잔소
리하면, 미역국에 그걸 넣자는 등 하여튼 간에 지금은 서울
에서는 안 넣거든요. 자기네는 저기 뭐야 뭐 마늘을 넣을지
몰라도 우리방식은 그렇게 안 먹거든요. 근데 거기다 나중에
알고 보니까 이자는 자기가 느꼈나봐, 느꼈나 봐요. 마늘이
거기에 안 어울리는 거래요. 들어가서 사람에게 유익한 게
있고, 냄새나는 것도 있고, 마늘이 미역하고 잘 안 맞는데
요. 그 형님은 자기 방식대로 그렇게 했던 거야, 여지까지 그
래서 할 수 없어서 내가 냉동실에 집어넣었어요. 삐져가지
고, 그래도 줘야 되는 건데… 나도 그렇지 못해가지고, 나도
그게 그렇잖아요. 살림살이를 자기가 마음대로 하는데 그렇
게 하는 거 아니잖아요. 없는 살림에 저기하는 것도 아니고,
자기가 가져와서 하는 것도 아니고 그렇게 식구들 다 몰려와
가지고, 그거 가지고 하여튼 일 년 내내 싸움질했어요. 그것
도 대구에서도 부산에서도 올라와 가지고, 고모도 있었어
요. 한 달인가 한 3개월 정도 계셨다가 있었고, 아빠가 거기
서 미싱을 하니까 그런 일이 많으니까 그렇잖아요. 우리 이
모가 딴 집에 가지 못하고 우리 집은 애들이 어리니까 딴 집
에 가지 못하고 우리 집에 와가지고 숨어 계셨어요. 그러니
까 굉장히 번거롭죠. 우리 집에 와서 숨어 계시는 거야. 아

들이 못되게 하니까 우리 집에 피신 온 거야. 교회에 다니는 집이니까 다들 몰랐던 거야. 그랬든 어쨌든 우리 이모가 우리 애들 어렸을 때부터 저기 뭐야, 하여튼 영적으로 맑다고 했거든요. 이자 이젠 그랬는데 이젠 형수가 그리고 가 가지고, 이젠 어머니가 그 일을 알아가지고, 내가 여기 코에 다쳐가지고 부러질 정도로 말이 커지게 나갔나 봐요. (하하하) 이젠 약간 휘었다고 했는데 남편이 뭐라고 그러냐면, 어머님한테 왜 형한테 그런 말을 하냐고… 자기가 그랬으면 어머님 미안합니다. 형한테 이만저만 했어요. 했으면 자기가 저기 하는 건데, 왜 어머님이 그런 말을 하느냐고 이러니까 일이 커지는 거예요. 그렇잖아요. 일이라는 게.

심리적으로 미완성된 양육자의 심리현상은 일반적으로 우울하고 공허하며, 분하고 무기력할 뿐아니라 의욕이 없다. 따라서 삶을 포기하고자 하는 강한 의욕을 지니고 있다. 이러한 심리현상은 의식과는 무관한 무의식 세계의 대상관계 단위에 근거한 정동과 관련된 것이기 때문에 현실자아의 의지나 각오만으로 이를 통제하는 것은 불가능하다 (임종렬, 2001: 297).

초기 상담실을 방문했을 때의 내담자는 심리적 정신적 공황으로 인하여 삶을 포기할 정도로 내적 힘이 고갈된 상태였다. 그러나 상담이 회기가 지날수록 문제 원인의 통찰과 수용을 하게 되었고, 현실을 회피하지 않았으며, 삶의 자신감을 갖게 되었다. 내담자는 시댁 이야기를 남의 이야기 하듯이 두서없이 하였으며, 이러한 일들의 배경에 대한 책임은 남편에게 있다고 하였다. 내담자는 내적 갈등을 일으키는 외부요인들에 대하여 감정의 동요 없이 이야기 하였으며, 이는 내적인 힘이 강화되었다는 것을 의미한다. 다음 회기부터는 내담자와 아들이 함께 상담에 참여하게 된다고 하였다. 내담자에게 지역 내 도서관에 아이들과 함께 가서 책도 읽고, 식사도 하고 시간을 보낼 것을 과제로 내주었다.

—————————— 제26회 상담 ——————————

내담자와 아들을 대상으로 합동상담을 하였다. 이전까지의 분리상담에서는 내담자와 아들의 심리역동에 관하여 탐색 및 조망하였으며, 가족구성원들이 느끼는 심리적 거리와 바라보는 관점 그리고 증상을 일으키는 병인에 대한 가족치료에 중점을 두었다. 그러나 합동상담에서는 관계회복을 통한 역기능에서 순기능으로의 가족체계를 이루고자 한다.

상담사: 하동이가 이제 말을 잘 하는구나 조리 있게, 그럼 하동이는 잠을 하루에 몇 시간 자니?

아　들: 예, 하루에 잠을 몇 시간 자냐고요. 11시에 잘 때도 있고 12시에 잘 때도 있어요.

상담사: 몇 시간 자면 안 졸릴까?

아　들: 잘 수 있는 만큼.

상담사: 잘 수 있는 만큼… 그러면 10시간이든 15시간이든 계속 잠만 자고 싶어?

아　들: 예.

상담사: 그러면, 학교는 언제 가고?

아　들: 안 가요.

상담사: 학교는 안 다녀? (아들은 어머니와 함께 상담 받고 있다는 것에 심리적 만족감을 표출하고 있으며, 어머니에게 기대며, 몸을 꼬며, 아기 목소리로 작게 대답하고 있다.)

아　들: 예. (하품을 하며)

상담사: 학교를 안 다니면 뭐하고 싶을까?

아　들: 그냥 놀고 싶어.

상담사: 친구들은 학교에 갈 텐데?

아　들: 학교가 없어지면 돼요.

상담사: 학교가 없어지면 돼?

어머니: 큰일 났네. (걱정스러워하며)

상담사: 하동이가 자고 일어나니까 학교가 없어졌어, 아무것도 없어, 이제 어떻게 하고 싶어? (아들의 무의식에 잠재하고 있는 이야기를 의식으로 이끌어 내고 어머니 앞에서 평소에 하고 싶은 말을 해보도록 하였다.)

아　들: 놀이터 가서 놀아요.

상담사: 놀이터 가서 놀거나?

아　들: 배고프면 편의점가요.

상담사: 배고프면 편의점에가… 편의점가서 뭐 할까?

아　들: 주인아줌마도 없으니까 먹고 싶은 것 먹어요.

상담사: 주인아주머니가 없으니까 먹고 싶은 것 먹어, 편의점에 주인
　　　　아주머니도 없어… 자고 일어나니까 많은 것이 변했다. 주인
　　　　아주머니가 없는데 주인아저씨가 있으면 어떻게 하려고?

아　들: 주인아저씨도 없고, 알바생도 없고요.

상담사: 알바생도 없고, 편의점을 지키는 사람이 아무도 없다. 그럼
　　　　뭐를 제일 먼저 먹을까?

아　들: 저요. 한국인이니까 밥이죠.

상담사: 한국인이니까 밥을?

아　들: 예.

상담사: 밥도 어떤 밥?

아　들: 도시락요.

상담사: 편의점에 도시락이 있구나, 도시락하고?

아　들: 그리고요. 그리고 물.

상담사: 그렇지, 물 그리고?

아　들: 물하고 도시락만 먹으면 되요.

상담사: 밥하고 물은 집에 가도 많이 있잖아.

아　들: 자고나니까 아무것도 없다면서요?

상담사: 먹을 것도 없고, 엄마 아빠도 없고, 아무것도 없다는 조건
　　　　아래 제일 먼저 편의점에 가서 도시락을 먹고 물을 먹는구
　　　　나, 그러고 나서 뭐할까?

아　들: 집에 가서 쉬어요.

내담자와 아들은 함께하는 상담에 대하여 기대와 부담을 갖고 있었으나 상담 초에 설명하였음으로 합동상담에 대하여 기대가 큰 것을 알 수 있었다. 이는 상담과정을 신뢰하고 상담사의 의도에 저항과 추종의 갈등을 보이면서도 잘 따라왔기에 함께 상담할 수 있게 되었던 것이다. 내담자와 아들을 함께 상담하였으며, 아들은 이전 상담과 다르게 얼굴을 숙이고 목소리가 작으며 어린아이처럼 행동하였다. 이는 긍정적 퇴행이며, 모와 자의 관계가 역기능에서 순기능으로 변화하고 있음을 알 수 있었다. 내담자는 아들의 공부에 관심을 나타냈으며 이를 위하여서는 아들이 공부할 수 있는 여건과 생활의 재구조화를 위한 방법을 찾아보도록 하였다. 이와 함께 자고 일어나면 무엇이 바뀌어 있으면 좋겠는가(엄마 입장, 아이 입장)와 아들과 도서관에 가서 책을 읽고 시간보내기를 과제로 주었다.

제27회 상담

내담자는 지난 상담을 되돌아보면서 가족들의 모습에서 많은 변화를 찾을 수 있었다고 하였다. 남편은 금주의 노력과 함께 가족들에게 대화를 하려고 하며, 아들은 보통 아이들과 같이 변했다고 하였다. 또한 내담자는 합리적 사고로 삶의 자신감을 회복하고 현실을 회피하지 않게 되었다고 하였다.

상담사: 그래, 하동이는 어떻게 지냈어, 지난 한 주 동안?

아 들: 그냥 학교 다니고.

상담사: 크게 이야기해 볼래?

아 들: 그냥 학교 다니고.

상담사: 학교 다니면서 잘 지냈어?

아 들: 예.

상담사: 친구들하고 잘 놀고?

어머니: (말을 가로채며) 요즘에는 늦지를 않아요.

상담사: 늦지를 않아요?

아 들: 예.

상담사: 그럼 몇 시에 학교에 가는지 이야기 좀 해볼래?

아 들: 8시에.

상담사: 몇 시에 기상해서?

아 들: 7시쯤에.

상담사: 7시에 기상해서?

아 들: 아니요. 7시 좀 넘어서 7시 반쯤.

상담사: 7시 반쯤에 기상해서?

어머니: (말을 가로채며) 밥 먹고.

상담사: 밥 먹고?

어머니: 머리도 감고 지가 다해요.

상담사: 머리도 감고 다해?

아 들: 예.

상담사: 중학생이 되니까 많이 달라지는구나 하동이가.

어머니: 날마다 머리를 감아야 되니까 하동이가 지가 하루에 일거

리가 되는 거야.

〈중 략〉

아 들: 예, 공부 잘하려면 학원 다녀야 되요.

상담사: 학원 다녀야 돼?

아 들: 예.

상담사: 학원 다니려면 어떻게 해야 돼?

아 들: 학교에서 졸지 말고 선생님 말씀 잘 들어야 돼요.

상담사: 학교에서 졸지 말고 수업을 듣는다.

아 들: 예, 그리고 또 있어요.

상담사: 공부 잘하는 비결이 뭐야?

아 들: 찾아봐야 돼요.

상담사: 그럼 공부 잘하는 비결을 어떻게 찾아야 될까?

아 들: 컴퓨터로 찾아요.

상담사: 아, 컴퓨터로… 컴퓨터로 아는 방법하고, 또 어떤 방법이 있
　　　　을까?

아 들: 예, 꿀맛 닷컴에서 하면 되요.

상담사: 무슨 닷컴?

아 들: 꿀맛.

상담사: 아, 꿀맛 닷컴 그리고 도서관이나 이런데 가서 공부하는 모
　　　　습… 하동이는 하루에 공부를 몇 시간 할까?

아 들: 저요. 30분.

상담사: 30분, 하동이가 30분 공부하는구나… 하동이 친구들은?

아 들: 친구들요. 저와 거의 비슷해요.

상담사: 비슷해, 초등학교 때에는 그렇게 할 수 있어, 그런데 중학생
　　　　이 되면 다르잖아.

아 들: 예, 중학생 때는 1시간.

상담사: 중학생 때는 1시간 공부할거야?

아 들: 예.

상담사: 다른 애들은 몇 시간 하는지 알아봤어?

아 들: 예, 다른 애들은 학원에서 많이 한다던데, 집에서도 숙제하고.

상담사: 그럼 학원에도 다니고, 집에서도 숙제한다고 하는데 하동이
　　　　는 학원도 안다니고 집에서 숙제도 거의 안하고 그러네.

아 들: 학원 다녔는데 끊었어요.

상담사: 그럼 뭔가 바꿔 줘야지, 그래야지 하동이가 바라는 의사도
　　　　되고, 의대도 가지, 공부도 잘하고 그러지.

아 들: 예. (하품을 하며 몸을 꼰다.)

상담사: 그럼 하동이가 다음 주에는 어떻게 공부해야 잘하는 방법
　　　　인지 한번 알아보자, 공부 잘하는 비결 알아보는 것이 다음
　　　　주 과제야 그리고….

아 들: 하나만 해요. 이번 주에는.

상담사: 도서관은 안 갔다 왔잖아?

아 들: 시간이 안 맞아요. 엄마랑… 아, 이제 봄방학이니까 갈수 있
　　　　어요.

상담사: 도서관에 가야지, 도서관에 가서 남들은 얼마나 열심히 공

부를 하나 봐야지.

아 들: 예.

상담사: 공부 잘하는 비결 알아오기와 도서관 갔다 오기 과제가 2
개다.

아 들: 예.

내담자는 심리·정서적으로 안정을 찾아가고 있었으며, 가족 내에서 합리적 목소리를 내고 있으며, 내적 에너지를 갖게 되었다. 가족구성원에게 매달리지 않으며, 양육자의 기능이 강화되면서 아들의 성격에도 변화가 나타났다. 아들은 스스로 일어나서 머리도 감고 등교하고 있으며, 공부를 하는 등 변화가 나타났다. 과제로 내담자는 아들과 구립도서관에 가서 독서하고 시간보내기, 아들은 어머니와 구립도서관 갔다 오기, 광개토대왕 독후감 쓰기를 과제로 내주었다.

—————————— 제28회 상담 ——————————

내담자와 아들은 새로운 환경에서 시간을 보내고 함께하는 시간이 많아졌고, 긍정적인 대화를 통하여 서로를 이해하며, 관계가 좋아졌다고 하였다.

상담사: 하동이가 표창장도 받았나보다, 공부를 잘했나보구나.

아 들: 예, 졸업식 때 받았어요.

상담사: 표창장 받았을 때 기분이 어땠을까?

아 들: 별로요.

상담사: 별로야? 그런데 표창장을 소중히 여기는 것 같은데?

아 들: 나와 있길래 집어넣었어요.

상담사: 나와 있기에 집어넣었어?

아 들: 예.

상담사: 그래도 하동이가 열심히 학교생활을 잘했기 때문에 표창장도 받고, 그런 것 같다. 표창장 받을 때 기분이 어땠어?

아 들: 뿌듯해요.

상담사: 기분이 뿌듯해?

어머니: 학교에서 독후감 쓰면 무슨 상 준다고 그랬지?

아 들: 아니.

어머니: 그럼 뭐 받았어?

아 들: 뻥이야. (웃으면서)

어머니: 뻥이야?

상담사: 하동이가 나름대로 열심히 학교생활도 잘했고, 공부도 열심히 하려고 하는데 환경이 잘 안 따라주지, 하루에 공부를 30분밖에 못한다며?

아 들: 예.

상담사: 그런데 다른 애들은 더 많이 하잖아, 무언가 조금 바뀌어져야 할 것 같다. 공부를 하려고 해도 환경이 좀 갖추어져야지.

아 들: 예.

상담사: 그럼 무언가 변화가 있어야 될 텐데?

아 들: 별로요.

상담사: 별로야?

아 들: 예.

상담사: 별로라는 것은 생각을 안 해본거야, 이 상태가 좋다는 거야?

아 들: 생각을 안 해봤어요.

상담사: 생각을 안 해봤어?

아 들: 예.

상담사: 공부는 해야 되겠다는 생각은 하고 있니?

아 들: 예.

상담사: 조금만 더 하면 될 것 같은데?

아 들: 예.

상담사: 그러면 그런 생각을 누구와 이야기는 해봤어?

아 들: 안 했어요.

상담사: 이야기를 안 해 보았구나.

어머니: 학원은 저기하고 잘 가르치는데 알아보려고 띄어보았는데 거기가 잘 안되어서 연락을 못 드렸어요. 그런데 그분이 남겨놨는데, 애를 수학을 잘 가르쳐준다고 해서, 거기를 알아보려고 몇 군데를 연락하고 어떻게 해서든지 애를 설득을 시키고, 그 자리를 다가가게끔 중학교 가는 대비를 해가지고….

상담사: 그래도 하동이 어머님이 나름대로 아이들 교육을 위해서 많이 노력하는데 환경이 안 따라주니 어려울 거예요. 조금 더 방법을 찾아보시고 그리고 다른 아이들 공부하듯이 주

변에 공부하는 아이들이나 다른 가정에서는 어떻게 공부시
키나 알아보세요.

어머니: 하동이 공부를 위해서 영어나 수학을 알아봐 가지고 두 가
지를 우선적으로라도… 다른 것은 지가 할 수 있으니까, 그
래도 고 정도만이라도 힘써주면 나아질 것 같은데 그렇게 생
각하고 있어요.

내담자는 상담실 책상 위에 아들의 졸업앨범, 성적표, 상장 등 10여
가지를 펼쳐보였다. 그리고 둘째 아들이 광개토대왕 독후감 3장을 썼
다고 보여주었다. 상담 때 셋째 아들에게 피드백을 해주고 과제를 내
준 것이 둘째아들에게도 영향이 미치게 되어 변화가 나타난 것을 알
수 있었다. 내담자는 아이들이 졸업식 때 표창장 받은 것과 공부하는
모습을 자랑을 하였으며, 아들도 표창장을 받아서 기쁘다고 하였다.
내담자에게 다음 상담이 마지막 상담이라고 알려주었으며, 아이들이
공부할 수 있는 환경조성에 관하여 구조화할 수 있도록 피드백을 해
주었다. 또한 내담자에게는 아이들과 함께 도서관에서 시간보내기 그
리고 아들에게는 독후감 자세히 쓰기를 과제로 내주었다.

—————————————— 제29회 상담 ——————————————

내담자는 지난 상담을 되돌아보면서 가족들의 모습에서 많은 변화
를 찾을 수 있었다고 하였다. 남편은 금주노력과 함께 가족들에게 대

화를 하려고 하며, 아들은 보통 아이들과 같이 변했다고 하였다. 또한 내담자는 합리적 사고로 삶의 자신감을 회복하고 현실을 회피하지 않게 되었다고 하였다.

상담사: 바이올린을 가져 오셨네요.

어머니: 오늘이 상담 마지막이라서… 하동이가, 잘하는 곡으로 바이올린 켜볼래?

아 들: 예. (바이올린을 켜기 시작한다.)

상담사: 바이올린을 잘 켜는구나. (박수치면서) 한 곡 더 켜볼래?

어머니: 그래, 잘하는 곡으로 해봐.

아 들: 어떤 거?

상담사: 평소에 잘하는 곡으로 해봐.

어머니: 그거 있잖아, 많이 하던 거.

아 들: 잘 못하는데… 알았어. (바이올린을 켜기 시작한다.)

상담사: 정말 잘 하는구나. (박수 치면서) 하동이는 오늘로 상담이 끝났으니 다음부터는 안와도 된다. 이제 가도 된다. 다음에 상담이 필요할 때는 연락하고.

어머니: 그래, 하동이 먼저 가 있어, 엄마는 상담하고 갈게.

아 들: (머뭇거리면서, 아쉬운 표정을 지으며) 먼저 갈게… 안녕히 계세요..

〈중 략〉

상담사: 처음 상담할 때에 비하여 하동이가 많이 나아졌다고 그러

셨는데 어떤 점이 나아졌다고 생각하세요?

어머니: 예, 첫 번째로 응가를 자기가 몸을 씻다가 보니까, 응가가 자기가 보니까, 내가 이렇게 옷에다 묻히고 이젠 안 되겠구나 지가 깨달았겠죠. 스스로 그거부터 좋아졌어요. 이자 내가 고통을 줬어요. 야단을 쳤어요. 사실은 거, 하루 이틀이지, 중학교 가기까지 닦아 주면 이거 뭐….

상담사: 하동이가 요즘도 욕을 하고 때리고 그러나요.

어머니: 아니요. 많이 좋아졌어요. 그러다 화가 나면 튀어나올 때가 있지만 안 그래요.

상담사: 그럼 많이 좋아졌네요.

어머니: 예, 그럼요. 많이 좋아졌어요.

상담사: 그러셨구나, 때리지도 않고 그러나요?

어머니: 요새는 인격을 때리지 않고 하려고요. 이제 타협적으로 하고요.

상담사: 이제 아이하고 타협적으로 하니까 때리지 않고 욕도 안한다고요.

어머니: 예.

상담사: 영희 씨 역시 매를 안 들고, 하동이 역시 때리지 않고 그런다는 거지요.

어머니: 예, 그렇죠.

상담사: 하동이는 거의 모든 부분이 고쳐졌다고 보아야겠네요.

어머니: 예, 그렇죠. 조금씩 어두운 면은 있더라도 그거는 이제 지가 우선은, 좋아진 것은 사실예요.

상담사: 좋아진 것 같아요.

어머니: 예전에는 지가 당당하지 못했는데….

상담사: 상담이 횟수가 지나면서 목소리도 밝아지고 자기 주장을 하는 것 같아요. 이야기도 잘하시는 것 같아요.

어머니: 조금 나도 계획이 있어가지고, 이렇게 이미 아빠가 큰애는 생각하지 않고 두 아이만 생각하기로 했어요. 애들을 키워야 되잖아요. 그래서 이젠 애들이 꿈을 가지고 있으니까.

상담사: 그러면 영희 씨가 볼 때 아이들이 나름대로 책임감을 갖고 열심히 살아가려고 하는 것이 보이시나요.

어머니: 예, 그런데 이젠 조금 바람이 있다면 애네들 데리고 이날 이때까지 여행이라는 걸 몰랐어요. 여행을 가보지 못했는데, 저기 뭐야 뭐라 그럴까 여행이라는 걸 다니고 싶다고… 애들도 그런 걸 고백을 하는 거 보니까 기회가 있으면 여행가서 생각할 것도 있고 저기 뭐야….

개인은 언제나 가정이라는 울타리 안에서 그 존재의 의미를 부여받는다. 따라서 가족의 문제를 도외시한 치료적 중재는 그 형태가 어떠한 것이든 개인의 정신 병리학적인 문제를 해결하는데 도움이 되지 않는다(임종렬, 김순천, 2001: 14). 아들은 상담 30분 전부터 와서 기다리고 있었으며, 마지막 상담이라는 것에 서운해 하고 있었다. 내담자는 아들에게 바이올린을 2곡 연주하게 하였다. 내담자는 아들을 내보내고, 지난 상담을 회고하면서 처음 상담할 때와 현재의 모습은 많이 달라졌다고 하였다. 처음에는 모든 것이 자신이 없고 삶의 의지가 없었는데 이제는 자신감도 생기고 집에서도 본인의 목소리를 내고 문제의 원인도 알게 되었다고 하였다. 하루아침에 고치기는 어렵지만 지속적으로 노력할 것이며, 아들 역시 어른들한테 인사를 잘하고 내담자에게 욕하거나 때리지 않는다고 하였다. 변도 속옷에 지리지 않고 학교도 스스로 가고 지각하지 않고 기본적인 것이 많이 바뀌어지고 있다고 하였다. 살아오면서 여행을 못가 보았는데 가족여행을 하고 싶다고 하였다.

상담과정을 통하여 내담자의 무의식 속에 자리 잡고 있는 혼란한 정신역동세계를 조망하고 미해결과제를 다루었다. 그 결과 강박증, 조울증, 해리증상 등 정신적 어려움의 증상들이 호전되었으며, 심리적 공황에서 벗어날 수 있게 되었다. 삶의 자신감이 생겼고 가족들과의 원만한 의사소통을 하게 되었으며, 양육자로서의 기능이 강화되면서 아이들의 성격에 변화를 가져왔다. 아들은 어른에게 대들지 않고 스스로 자기 일을 하게 되었으며, 남편은 금주노력과 감정조절을 통하여 가정폭력이 줄어들었다. 또한 내담자는 자아존중감 향상과 합리적 대처능력을 갖추게 되었다. 따라서 향후 가족갈등 문제에 잘 대처해나갈 수 있으리라 사료되어 상담을 종결하였다.

─────────────── 제30회 상담 ───────────────

보름 후 추후 상담과 심리검사 HTP, KFD, MMPI-2, SCT를 하였으며 검사시간은 약 3시간 소요되었다. 내담자는 심리·정신적으로 안정된 것을 알 수 있었으며, 상담종결을 아쉬워하면서 상담을 통해 변화된 일들에 관하여 말하였다. 내담자와 아들은 비교적 짧은 기간 내에 변화를 체험하게 되었는데 이러한 배경에는 내담자의 변화가 있기에 가능하였다. 내담자는 객관적 검사인 MMPI-2 검사에서 7번 척도(Psychasthenia, Pt: 강박증) 59, 8번 척도(Schizophrenia, Sc: 정신분열증) 74, 9번 척도(Hypomania, Ma: 경조증) 66으로 초기 심리검사 결과에 비하여 상당히 낮아졌으며, 의미 있는 결과가 나타났다.

심리검사를 요약하였다. 사고 및 지각에서는 자신과 타인에 대해 이해와 융통성으로 원만하게 대처하고 있으며, 주의집중력이 높아지고, 현실을 직시하고 합리적 사고를 한다. 정서 및 성격에서는 심리적으로 안정되어 보이며, 긍정적 사고와 삶의 자신감을 표현하고, 행동조절을 통하여 감정을 통제하고 있다. 자기개념에서는 자아존중감이 높으며, 자기개방을 통하여 자기중심적 사고에서 벗어나 보인다. 삶의 자신감과 자아존중감이 높아졌다. 대인관계에서는 수용과 관계형성을 통하여 원만한 관계형성을 하고 있다. 충동조절을 통하여 감정제어를 하고 있으며, 이타심을 가지고 남을 배려한다(임향빈, 2014: 122-124).

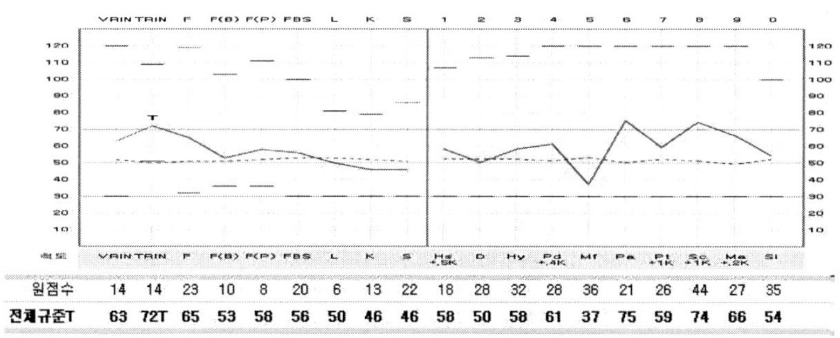

주) 5번(M1) 척도의 T점수는 성별규준에 의한 것임.

【그림 3】 MMPI-2 (상담 후)

─────────────── 제17회 상담 ───────────────

내담자는 남편의 가정폭력으로 인한 정신적 고통과 육체적 아픔으로 지난 한 주 힘든 시간을 보냈다고 하였다. 남편은 자신의 폭력을 부인하고 있으며, 의처증도 갖고 있다고 하였다. 또한 내담자는 남편과 시가집에 대한 부정적 사고로 두서없이 이야기를 하였다. 그러나 아들에 관한 이야기를 할 때에는 표정이 밝아지고 에너지가 넘치었다.

상담사 1: 안녕하세요.

어머니 1: 안녕하세요.

상담사 2: 어떻게 잘 지내셨어요.

어머니 2: (작은 소리로) 잘 지냈어요.

상담사 3: 그 동안 좀 어떻게 지내셨어요.

어머니 3: 신랑이 자기가 폭력을 쓴 거에 대해서는 전혀 모르고 있어요. 그러니까… 지지난주… 거의 한 2주 정도 됐는데도, 이게 가려지지도 않고 저기 뭐라고 그럴까, 이제 사방이 아프기 시작한 거야. 땡겨요. 그래서 병원에도 갔는데, 이게 약간 휘었다고 하더라고요. 찍어 봤는데, 부러지지는 않고….

상담사 4: 코뼈가 휘었다고요?

어머니 4: 예, 약간 휘었다고요. 그러더라고요. 그래서 하여튼 간에 멍이 들었잖아요. 눈 안 다친 것만 해도 천만 다행인데….

상담사 5: 예, 그렇죠.

어머니 5: 이제 우선적으로 코가 이게 땡겨 가지고, 잇몸까지 이게 관련돼 있잖아요. 그러니까 요기(코를 가르키며) 이렇게 돼가지고 신경이 거슬리는 거예요. 매사에 아프다던지, 신경이 좀 쓰이더라고요. 내가 약을 먹고 이제 그만… 그랬다니까, 고걸 확인을 하더라고요. 어디 있는 병원, 약국이냐고 하면서 묻더라고요. 아니, 전혀 몰라요. 이제 그런 것도 관념도, 어느 놈이 때려가지고 그랬다고 그러는 거야….

상담사 6: 본인이 때렸으면서 어떤 누가 때렸냐고?

어머니 6: 예, 애아빠가 딴 사람을 찝어 대는 거야. 이제 맞고 와가지고 나한테 그런다고, 그래 가지고 내가 아들보고 그랬지, 너 증인이잖아, 너 사실이냐, 엄마 말이 사실이냐 그러니까… 아빠가 때렸잖아, 그날 애가 하루 지나서 병원에 갔다 온 날, 맞은 날 저녁에 다가와서 애가 코를 만지더니 엄마 많이 아팠겠네….

상담사 7: 막내 아이가 엄마 코를 만지면서, 엄마 많이 아팠겠네, 그랬어요.

어머니 7: 예, 그러더라고요. 개가….

상담사 8: 그래도 아이가 엄마 마음을 많이 이해하고 그러네요.

어머니 8: 개가 좀 인정이 많아요.

상담사 9: 하동이가요?

어머니 9: 예, 지가 성격이 내고 싶지 않더라도 자기 성격이 어쩔 수

가 없으면 그걸로 인해서 어떡하다 보니까 성격을 내는 거
예요. 지가 이제는 반성도 하나 봐요. 요새… 저기 뭐야
어제 그제는 계속 기타를 배우고 싶다고 그러더라고요.

상담사 10: 기타를 이제 배우고 싶대요?

어머니 10: 예, 기타하고 이제 제안이 온 거에요. 자기가 요러요러해
서 요즈막에는 그래도 친구가 슬슬 전화를 줘요. 7시에
전화주고….

상담사 11: 7시면 아침인가요?

어머니 11: 예, 그렇죠. 일어나지도 않은 상태에서 전화가 오니….

상담사 12: 일어나라고 모닝콜이네요.

어머니 12: 예, 그래서 전화를 주니까 (하하하) 어디에서 만나자. 항상
개한테서 전화오고 또 애가 전화가 안 오면 애가 걸어요.
서로가 그런 건 너무 바람직해서 내가 물어봤어요. 선생
님이 시켜서 그러냐 아니면 친구들이 스스로 오는 거냐,
선생님은 모르는 사실이고 그렇게 해줬었을 거 같아요.
왜냐하면 애가 자존심이 굉장히 강한데 개인적으로는 강
한데 친구 앞에서는 약하대요. 마음이… 근데 선생님이
읽으신 거야. 그래 가지고 나한테 그렇게 설명을 하더라
고 그러니까 누군가에게 이제 스스로가 선생님이 이제는
어느 선 안에서 그렇게 하신 거 같아 내가 봤을 때는….

상담사 13: 선생님이라면 담임선생님을 이야기하는 건가요.

어머니 13: 그렇죠. 말하자면 개를 파악할 줄 아시고, 저 뭐 조금이
라도 애는 똑똑하고 저기하는 아이란 걸 알아주셔 그러

면서도 애는 그런 아이라고 저한테 설명을 하시더라고
요. 내가 묻기도 전에 선생님은 그런 것까지도 섬세하게
잘 설명 해주시고 애는 반드시 그 일 때문에 성질 날 것
이다. 하는 것도 미리 파악하시더라고요. 이제 그러는 것
들은 포함해 가지고 하나하나씩 자기 자신이 내려놓는
거예요. 그래서 우선적으로 태권도하고 저기 뭐야 그 친
구가 다니나봐요. 태권도는 잘 모르겠는데 우선적으로
자기가 바이올린을 주일날 이제는 하루 종일 교회에서
생활을 하잖아요. 그 친구보고 나 이만저만해서 지금 바
이올린 연습하고 있으니까 너는 좀 기다리고 있으라고,
허구헌 날이면 거기 피씨방이라던지 그런 시간에 교회로
이렇게 애들이 좀 있으면 그게 더 좋은데, 그런데 이제
이날 이때까지 그게 오래 지속이 돼왔기 때문에 개네들
은 함부로 이탈을 하지 않았어요.

상담사 14: 하동이의 오래된 친구들이라는 거죠.

어머니 14: 예, 이제 생겼다 하더라도 학교 반에 하나하나씩 이제는
　　　　　아니 5학년 때 헤어진 친구들이 단계를 올라가잖아요.

상담사 15: 그렇죠.

어머니 15: 어제 카드를 보냈는데 너 사랑한다 어쨌다 그 줄줄이 한
　　　　　마디 적은 게 엄청 나더라고요. 그렇게 선뜻 내세우는 아
　　　　　이는 아니에요. 애가 속에 이렇게 간직하는 거지 애는 이
　　　　　걸 이렇게 내세우는 아이가 아니야, 그 말하자면 이렇게
　　　　　공개를 하지 않고 지 마음속에 묻혀있어요. 그랬다가 이

제는 이렇게 좀 내가 그랬어. 친구를 사귀더라도 이렇게 사귀어서 니가 앞으로 발전하는 건 좋은 거다. 그렇게 해 가지고 니가 앞날에 뭔가를 개척해 나가야지 언제까지 이런 방식으로 살지 마라 그리고 응가도 벌써 이제 이렇게 닦아줘야지 됐는데 이젠 팬티는 이제 묻히지 않은 상태로 했더라고요. 그래서 그런 걸 봤을 때 애도 많이 힘들었구나 하는 거를 알았어요. 그래서 지가 인제는 서서히 뭔가를 하고 싶어 하는 눈치고 인제는 그것이 내가 여지까지 했던 것이 아 이래서는 안 되겠다는 것을 알았나 봐요. 그리고 이제는 조금 마음에도 굉장히 신경을 많이 쓰더라고요. 그래서 엊그저께 24일 날인가 금요일 24일 날 제 생일이었었어요.

상담사 16: 금요일이 생일이었어요?

어머니 16: 예.

상담사 17: 늦었지만 축하드립니다. 생일파티는 하셨나요?

어머니 17: 그래 가지고 생일이었는데 하동이가 (하하하) 하동이가 엄마, 내 생일 하고 엄마 생일하고 같은… 그게 비슷했었는데 그게 음력, 양력차이죠. 그러는데 요번에 인제는 지가 이제 그러는 거야. 천원을 주면서 선물을 살 수가 없잖아요. 아무리 저기 사고 싶어도 선물 값이 만만치가 않으니까 걔가 머리를 썼어요. (하하하)

상담사 18: 아이가 머리를 써가지고 천원을?

어머니 18: 엄마한테 주머니에다가 슬쩍 집어넣더라고요. (하하하) 애가 뭔가를 인제는 뭘 받고 싶네, 그래서 너 수준에는 뭘 해줬으면 좋겠어? 그랬더니 여자들이 좋아하는 거니까 여자 친구들 곰돌이 인형 같은 거 되게 좋아한데, 엄마도 그럴 것이라는 거예요. 그래서 엄마는 곰돌이가 아니고 (하하하) 정당하게 니 수준에는 그런 걸 살수는 없지만은 머리핀 같은 거 한 4~5천원은 가져야지 아마 될 거예요. 그럼 엄마 한번 가서 볼까 뭐 어쩌구저쩌구 하다가 말았기는 했는데 그냥 천원 들고 이제 자기하고 약속을 한 거야. 엄마 나하고 같이 생일을 같이 해먹으면 어떨까 그러는 거야 (하하하) 그래 가면서 저는 그래 그것도 바람직한 일이다. 그러면 엄마도 서운하고 너도 서운하지 왜 둘이서 같이하면 그거는 훗날에 봐봐 너 생일 때 받을 때 불편하고, 나 생일 때 받을 때 불편하고 그건 안 되는데 어떻게 보면 너에게 이득이 없는 거고 그걸 설명을 했어요. 그랬더니 하동이가 그래도 엄마하고 나하고 합치게 되면, 뭔가가 애가 고런 정을 이끌어 나가고 싶은 그런 게 있는가 봐요. 뭐 선물이 전부는 아니고 엄마하고 같이 한다는 것이….

상담사 19: 그렇죠. 엄마하고 함께한다는 그 의미 자체를 더 크게 부여하고.

어머니 19: 응, 애를 한마디로 말해서 사랑이 그리운 거야.

상담사 20: 정이 그립고 엄마의 따스한 말 한마디.

어머니 20: 더 신경을 써주기를 바라는 거 애가 그런 말을 하는 거

같더라고요.

상담사 21: 그렇죠. 그래도 영희 씨가 아이에 대해서 많이 이해하고
아이의 어려운 점에 대해서 배려를 많이 하네요.

어머니 21: 그렇죠. 애 아빠 같은 경우에도 지금도 아직까지 있으니
까 집에 방구석에 꼼짝도 안하고 내가 어저께 낮에 인제
들어가서 밥이라도 이렇게 해 줄라고… 23일도 그렇게 일
주일 내내 내가 밥을 안차려 줬어요. 그랬더니 반발심이
나온 거야, 아이고 점심시간에 뭔 짓거리를 했냐는 등 작
정에 돌입하는 거야, 하여튼 간에 내가 무슨 꿍꿍이속이
있다는 등 속이는 게 많다고, 내가 그런 말은 안하지만
이런데서 뭐 저기 뭐야 뭐 일 한다는 거 자체도 밝히지
않거니와, 그게 또 남편으로서 말하자면 의처증 비슷한
게 있어요. 그런 심리적으로는 불안한 거 그런 게 있잖아
요. 누구하고 친구하고 밥 먹으면 거기까지도 확인하고
그 사람이 누군가 왜 무슨 일로 밥 먹었냐 그런 거 혹시
남자 아닌가 그게 이렇게 의심 있는 그니까 불안한 거야,
내가 무슨 짓거리를 할까 심지어는 그거 가지고 도망가
지는 않을까 그러니까 늘 불안한 거야, 상태가 뭐 친척들
은 신경도 안 쓰거니와 한 6촌 정도 되는 사람은 굉장히
자기가 스스로 일어섰기 때문에 그 어머니가 녹색 어머
니 그 저기 뭐야 그 섬에 가서 사세요. 남편은 돌아가시
고 그 자식들이 일어나 가지고 이렇게 기술을 잘 배워가
지고 일으킨 사람인데, 우리 애기 아빠 집안은 거기 관련

되어 있어도 그 어머니가 저기 뭐야 저기 집안 내 때문에 그 녹색 어머니 말하자면 신앙이 관련이 있잖아요. 그러니까 그 섬에 가서 생활을 하는 거야, 여기 얼씬도 못했어요. 전에는 우리 저기 뭐야 진주 할머니 돌아가신 지가 몇 년 안됐어요. 살아계실 적에 어떻게 험을 하던지 그러니깐 내가 꼬올이 되는 거야, 평소는 우리 엄마가 그렇게 했기 때문에 형수도 스스로가 어떻게 하셔서 그렇게 하시라고 했지, 만일 그렇게 되면 욕을 또 얻어먹잖아요. 자기도 그래 가지고 자기 엄마가 꼭 나를 보는 것 같이 하니깐 괴로운 거야, 그래 가지고 너네 형제들 간에도 절대로 부인이 어떻게 하면은 헤어져라 뭘 그걸 끼고 사느냐, 동생들한테 다 이빠이 그 말들을 해요. 그거를 진담으로 해 저 형수처럼 뭘 자식들을 가지고 그렇게 그냥 애지중지 키워가지고 혼자선 형수가 너무 힘 드는데 저기 뭐야 형이 계시잖아요. 우리 애기 아빠 형 얼씬도 못하게 해, 왜냐면은 그 형이 그 부인을 잘못 정해 가지고, 말하자면 뭘 하나 내가 심지어는 가끔씩 가다가 원주에 가요. 원주에 가면 하다못해 먹을거리라도 가져가잖아요. 막 야단쳐요. 고 며느리가 그래 가지고 다들 보낸 담에 우리는 별도로 또 자고 가라구, 하룻밤 더 자고 가 그러면 전날도 이빠이 해가지고 전날 지지난 날부터 와서 잠을 자는데 또 자고 가라면 사람이 얼마나 스트레스 받아요. 그것도 그니까 항상 그렇게 하고 가래, 아주 그냥 우리를 가지고 그냥, 그러면은 그래도 그 먹을 거 그래도 많이 저기 한 거야, 전에는 뭐 먹을 거, 우리 어머니가 예를 들어서 고추 같은 거 말려가지고요. 풀을 써가지고 말리잖아요. 거기서만 할 수 있지 서울에선 그런 거 시간을 내서 못하잖아요. 고추를 좋아하니까 그런 거 챙겨서 갖다 주면은 그거를 진주할머니 생일날 뭐 그걸 또 싸보내냐고 얼마나 짜증나게 말을 하던지 무지 스트레스 받아요. 그러고 그 저기 뭐야 우리가 가봐야 내놓는 것은 오만 원 돈이에요. 항상 그렇죠 뭐 무슨 돈이 있어서 그것도 내놓는 거 많이 내놓는 거예요. 사실은 차비하고 하면은 한 20만 원은 깨져요. 거기 한번 움직이면 애들하고 고속버스 타고 가야지 되는데, 남편이 택시를 타려고 하는 거야. 우린 먹을 것도 없는데 쌀도 사먹어야 하는데 내가 그럴 수밖에 없어요. 생활비 없는 상태에서 내가 반발심이 나… 애 아빠가 생활비를 사오십만 원을 항상 주거든요. 애 아빠가 줬으면 밥상에 꽁치라도 올라왔냐 하는 거예요.

상담사 22: 반찬투정을 하네요 남편이?

어머니 22: 그렇죠. 이 꼽슬머리고 저기 뭐야 완전히 백발이에요. 완전히 선생님보다도, 선생님은 그래도 머리가 까마신 데가 있는데 우리 애기 아빠는 더 하얘. 그냥 너무 하야니까 스트레스예요. 그게 또 매사에 이제 염색하지 않으면 견딜 수가 없는 거야. 왜냐면 몇 년 전에 그 어떤 아이들이 그랬어요. 아빠라 그러니까 너네 아빠냐 할아버지가 아니고, 그러니까는 얼마나 그게 스트레스 받았는지, 우리 하동이가 얼마나 또 작았어요. 어리고 그때부터 염색하기 시작한 거야 이제 더 신경을 쓰니까 더 머리가 이제는 하얘 진거지 술도 먹고, 선생님은 검소하게 인생을 사셨잖아요. 우리 애기 아빠는 그런 게 아니야 맘을 비워야지 되는데 원망 투성이고, 원망 투성이야 화가 나면 잡아 죽일라고 해, 작정을 돌입해 아이구 난 그렇게 살면 안 된다고 그랬어.

상담사 23: 그래서 많이 싸웠겠네요. 영희 씨 하고?

어머니 23: 어이구 뭐 하나 얼마짜리 아닌 거 가지고도 흔들어 대는 거야, 그러니까 너무 내가 그래서는 안 된다니까, 보험 때문에 그렇고, 자기가 뭐 그 삼십만 원 못 벌어가지고 내가 그 꼬락서니 보니까 그거 거기다가 투자했다가는 밥도 못 먹을 판이구만 그래 가지고 포기한 거예요. 이쯤에서 포기해야지 이걸 그래서 그 해약하기 전에 내가 말했다고요. 자기야 생각해보니까 응 오백만 원가량 되고 자기가 과거에 혼자 있을 적에 ○○보험을 들어놨던 거예요. 그러고 가지고 있었는데 그게 자기는 해당 되는데 식구가 있으니까 이게 만만치가 않은 거야, 생각을 해보라고 이십오만 원을 나가느니 생활비도 없는데 그걸 뭘로 해결을 하는가 그래서 그걸 갖다가 그때 당시에는 애들 어렸을 때니까 한 이백가량 넘었더라고요. 거의 한 삼백

가량 되는 거를 해약해 버리니까 눈깔 밤탱이가 나오는 거지, 요번에 그래서 상둥이가 그래도 군대를 갔으니까, 혹시나마 사람일은 모르니까 건강해서 돌아오면 괜찮은데, 만일에 애가 하두 일을 저지르니까 방황하고 막 그러니깐 사람일이 일이라는 게 어떻게 맘 놓고 있으세요. 그렇게 있을 수 없으니까 내가 대책을 세운 거예요. 이거 보험 하나 저렴한 거 어떠냐고 이거 하나 하고 가자, 개군대 내일 모레는 가야지 되는데 이거 하나 들어놓자 그래갖고 결단을 내려서 그 삼십만 원 가량으로 해가지고 했는데 그거 얼마안가 이삼년 되돌아 올 때 까지 했는데 자꾸 사고는 나고, 아빠는 그 저기 뭐야 잘해볼라고 했는데도 아빠가 판교에 가서 손가락 다쳐가지고 왔잖아요. 그래서 놀다보니까 이게 그 보험이라는 게 제대로 될 리가 있어요. 그래 가지고 자기가 생각해보니까 오백만 원가량 되는 거야 어떻게 하겠어요. 먹고 사는 것도 없는데 그렇다고 해서 내가 그랬어. 경비실이라도 들어가면 그거는 일정하잖아요. 몇 년하고 그런 계획을 세우는데 이거는 미싱 일은 겨울엔 잠깐 동안은 하고, 그러다가 그거는 불경기가 닥치면 쉬어야지 되고, 불경기면 몇 달을 쉬어야지 되고 여름이면 뭐 옷이 안 팔린다고 해서 또 쉬고, 이렇게 하다 보면은 벌써 직업을 바꿔 한 것이 이만저만 잘 했어야지 안 되는 건 그거 어떻게 하라는 거예요. 할 수 없는 거잖아요. 그래 가지고 내가 이거 맘은 아프지만 우리 해약해야지 되겠다 해서 결단을 내린 거거든요. 월 삼십만 원도 없어 가지고 그니까 남편이 생활할 능력이 안 되니까 일정한 게 아니에요. 그러면 애들 거에 들어 논거 여기서 파먹고 저기서 파먹고 하면, 이건 뭐 그랬다고 해서 하루아침에 직장생활을 한다고 해도 그거 몇 년 걸리잖아요. 또 거기다 메꾸려면 또 그게 메꾸는 일을 하다가 사람이 정말 대책 없이 그럼 그 먹는 게 더 중요한 거잖아요. 우선적으로 보험은 중요한 거는 인제 상동이가 군대 갔다 오니까 무사히 잘 갔다 오니까 마음이 놓인 거야. 아 또 무사히 잘 끝마친 것이 천만 다행이지. 창원으로 걔를 거기 이제는 투입해가지고.

상담사 24: 이제 취업시켜 가지고?

어머니 24: 아니 취업을 한 게 아니라 군대를 거길 나왔어요. 이년 쪼끔 넘게 하다가 왔더라고요. 군대까지 갔다 와 가지고 한시름은 놨어요.

상담사 25: 영희 씨가 그만큼 아이들을 사랑하는 마음이 크기 때문에 아이들이 한결같이 일탈하지 않고 바르게 성장하지 않았나 그렇게 생각을 해요. 그 덕분에 지금 큰아들 역시도 취업해서 있는 거고.

어머니 25: 상동이가 어머님한테 갔는데 면허증 따려고 돈을 부치라고 그래서 제가 어머니한테 야단쳤어요. "어머니 지금 돈 못 부칩니다. 왜냐면 자격증이 중요한 게 아닙니다. 여기서 생활하는 터전이 더 중요한 거지 상동이가 지금 운전면허증을 따는 게 중요한 게 아닙니다." 그걸 단숨에 따야지 되는데 자꾸 떨어지니까 얼마나 불안하겠어, 어머니가 감추어둔 비상금 돈 다 나갔는데 그러니까 얼마나 반발심이 나요. 어머니가 뭐 하니까 잘 안되니까 그니까 그 창원에, 아니 여기 부산에 내려가 그걸 땄나 봐요.

상담사 26: 결국은 땄네요.

어머니 26: 예, 지가 이제 나한테도 그런 말 안 해, 아주 그런 거를 숨기더라고.

상담사 27: 운전면허 땄다는 이야기 안 해요?

어머니 27: 이제 아빠가 연수를 받는다고 하니깐 그 핸드폰도 여기서 해갔잖아, 아이고 뭐해 가는 데는 여기서 아빠가 저번 날엔 막 뭐라고 했나봐, 너 여기 돈 다 빠져나가, 이거 도대체가 나도 쉬는데 누가 해결 할라고 너 그딴 짓거리를 했냐 그랬더니 전화를 딱 끊어 버렸다고 했잖아요. 그랬다고 하더라고 그런데….

상담사 28: 그러면 둘째아이는 좀 어때요.

어머니 28: 걔는 그때 그때 이제는 기분파에요.

상담사 29: 그때 그때 기분파에요?

어머니 29: 예, 바이올린은 열심히 하는 편이에요. 정말 걔는 재능이 있어가지고 지 생각만 저기하면 선생님은 안타까운 거야. 애들이 수시로 전화가 와가지고 애를 꼼짝도 못하게 해, 그러는데도 애가 안 나갈 거는 안 나가 예를 들어서 애가 지금 그 친구들 중에서는 제일 좀 아들이라고

해서 내가 그런 건 안 해, 근데 왜 그런 거를 알게 됐냐면
은 합기도에 애 때문에 지 친구들이 몇 명이 초빙해 가지
고 거기에 가담했었어요. 저기 뭐야 그 합기도에 원장선
생님이 말씀하시는 거 뭐냐면 애가 성격도 굉장히 활발
하고 그 친구들보다도 훨씬 애가 단합성이라든지, 하는
실력이라든지 공부가 조금 저기 했을 뿐이지 애는 검은
띠까지도 따면 되는 건데, 에이 그래도 이렇게 욕하면 합
기도에 계시는 분이 원장님이 예를 들어서 애한테 좀 이
렇게 저 잘하면 칭찬뿐만 아니라 애가 칭찬만 받으면 안
되는 거잖아요. 애들 소망은 다 칭찬만 받는 게 중요한
건데 어떤 날은 또 야단을 칠 수도 있는 거잖아요, 그게
이제는 또 반발심이 나가지고 누가 뭐라 하면 그걸 못 참
아요. 애가….

상담사 30: 둘째 아이가요?

어머니 30: 예, 성격이 굉장히 저… 예를 들어서 뭐 꽁치를 이렇게
　　　　 내가 해요. 음식을 해가지고 근데 애가 약점이 있다면
　　　　 그 껍데기를 다 벗겨 먹어요. 속살만 먹는 거야 그러니
　　　　 까 그 정도로 까다로워요. 아주 성격이 굉장히 까다로운
　　　　 데 원장님이 이제는 뭐 한마디 했다고 해가지고 거기서
　　　　 나왔네 그니까 그 아이들은 어떡하겠어요. 그래서 내가
　　　　 갈 때마다 이제는 항상 물어보거든요. 애는 근데 점수가
　　　　 괜찮게 나왔어요. 그래서 까만 띠까지도 따려고 이제 어
　　　　 떻게든지 까만 띠를 따라 그것만 통과하면은 괜찮아질

거야, 그니까 요게 이제는 그걸 못 참는 거예요. 둘 다 다 나와 나왔네.

상담사 31: 둘 다 그만뒀어요? 하동이하고 같이?

어머니 31: 그래 가지고는 가만 내버려 두는 거야, 이제 나는 이제 어디서 나오게 되면 가만 내버려 둡니다. 지가 알아서 해야지 나는 그냥 지 하는 대로는 쫓아가 보려고 거기 대해서는 설명을 해주는 거지, 가기 전에도 내가 말했어, 안 했어 항상 걔한테 그랬거든요. 그걸 그렇게 했는데 이제는 거기 이제는 친구들이 쪼금 있고 지도 이제는 데려가는 친구들도 있으니깐 고거 상품권 타먹기 위해서 또 작전을 펴려하는데, 너 그렇게 생활하면은 안된다고 그랬거든요. 근데 요번에 거기서 나왔어요. 이제 옮기는 것도 그래도 지가 활발하게 하고자 하는 생각이잖아요. 난 오래 동안 생각을 안 해봤어요. 걔가 언젠가는 나올 거라는 생각은 했었는데 인제는 학교에서 축구를 해요. 축구를 하니깐 그게 인제는 도움을 줘가지고 다리도 많이 저기 됐더라고, 새 다리가 많이 굵어졌고 키도 커졌어요. 하동이도 쪼끔 키도 커졌는데 그래도 아직 따라 가려면 근데 애가 이제 하동이 같은 경우에는 오늘 내일로 음악 기타를 배운다고 그건 좋은 생각이고, 그래서 저렴하다고 하니 칠만 원 돈이니까 그래서 내가 교회에서 배우면 한 오만 원 정도 주는데 근데 애가 시간이 없고 그러니까 우선적으로 그렇게 하려고 하는 거고 그게 바람직한 거예요. 집안에 있는 것만 해도 집안에 그냥 있는 거보다도 지가 뭔가를 그래도 악기를 다룰 줄 아는 것도 세상에 나가서 봉사 같은 거라도 하게 되는 것도 그게 몰라, 그게 앞날에 지휘자를 한다든지 굉장히 도움이 된다고요. 그래서 그 음악 바이올린 아직까지 하고 있으니까 그걸 맥을 이은다면 저기 뭐야 그런 거는 솔직히 말해서 있는 사람들이나 거느리는 건데, 그 천만다행으로 애가 재능이 있어가지고 그걸 갖다가 잘 탔기 때문에 애네들은 피아노를 어느 정도 알아요. 그래 가지고….

상담사 32: 음악적 재능이 아주 탁월하네요.

어머니 32: 그래서 미술 같은 거는 이렇게 해도 그게 다 포함됐어요. 미술도 포함되니까 애네들 생각을 상상적으로 이게 건강한 거죠. 모든지 영적과 육적으로 또한 영혼이 건강해야지 모든지 계발할 수 있는 거고 자기 장래성이라든지 그런데서 재목감으로 자기가 구상하는 게 있고 그런 그림이 나와요. 예를 들어서 그게 건강해야지만 영적으로 건강해야지만 생각하는 게 많이 풍부해야지 되잖아요. 그래서 내가 저번 날에 책 사주면서도 그랬다고 했잖아요. 그니까 너가 이렇게 무섭고 저기 한 거는 응 그런 거는 사지마라. 좀 더 구성해가지고 광개토대왕이라든지 그런 거 책을 많이 읽고 아니면 뭐야 삼국지라든지 그런 거를 내가 많이 권했어요. 그랬더니 그거 만져보다가 다시 그것도 사고 싶은데 내가 저도 광개토대왕을 즐겨보지 않았는데 중동이가 그걸 즐겨봤어요.

상담사 33: 광개토대왕 TV 드라마를요?

어머니 33: 예, 잘됐더라고 보니까 내가 드라마를, 그게 대하드라마
잖아요. 그걸 보니까 애가 왜 이걸 좋아하는 건지 알겠
더라고, 그 광개토대왕이 담덕이라는 사람이 왕이지만
어떻게 포로에서, 그게 나라의 하는 것도 있고 백성을 사
랑하는 것도 자꾸 성장하잖아요.

상담사 34: 조금씩, 조금씩 자기가 성장도 하고 남도….

어머니 34: 많이 땅이 이뤄졌다 하더라도 그것을 어떻게 사용하느
냐에 따라서 담덕이라는 왕이 훗날에 멋지게 되는 거, 그
런 장면이 나오는데 애가 그런 걸 위해서 멋지게 판단을
하는구나 하는 생각이 있어서 엄마도 한번 봐야겠다 해
가지고 그거 보니까 아들보다도 더 즐겨 봐요. 요즘은 앞
서 가지고 아들이 참 잘 컸으면 바람이 있는 거지, 그게
맞아 떨어진다면 더 좋은 생각이지….

상담사 35: 영희 씨가 지금처럼 해왔듯이 꾸준히 아이들을 잘 보살
펴 주고 기도를 계속 해주고 아이들이 원하는 것이 어떤
것인지, 소질 계발도 같이 생각하면서 이끌어줘야 하지
않을까요. 아이들 혼자 스스로 크기는 상당히 힘들어요.
누군가가 보살피고 이끌어 줘야지 바르게 성장하지요.
지금까지 잘해 오셨지만 아직까지 아이들하고 관계하는
데 다소 어려움이 보이는 거 같아요. 서서히 그런 어려움
들을 하나씩 해결해 나가야 하지 않을까 그렇게 생각을

합니다. 지난주에 영희 씨에게 애 아빠가 발로 차서 맞았을 때 하동이가 엄마를 때렸다고 엄마 편을 들면서 이야기를 했잖아요. 목이 쉴 정도로, 그 뒤로 어떻게 생활을 했나요 하동이는?

어머니 35: 주일날도 한 번 사건이 벌어 진거야, 그날 아침에 새벽에 술 먹고 들어와서.

상담사 36: 그 다음날에요? 맞은 다음에?

어머니 36: 아니, 아니 맞기 전에.

상담사 37: 맞기 전에?

어머니 37: 주일날 그니까 11일, 11일 날 사건이 있죠. 그랬다가 월요일 날 또 사건이, 월요일 날 여기 맞은 거야.

상담사 38: 월요일 날 맞고, 그 뒤로 또?

어머니 38: 그니까 11일 날도 그날은 굉장히 힘들었어요, 하동이가 새벽에….

상담사 39: 하동이가 많이 힘들었어요.

어머니 39: 일요일 날 그날은 힘들었어요. 새벽에 내가 그랬어요. 꼭 시간이 우리 애기 아빠 저기, 사건 벌어지는 시간이 2시, 3시야.

상담사 40: 사건 벌어지는 시간이 2시에서 3시 사이…?

어머니 40: 예.

상담사 41: 새벽이요?

어머니 41: 예, 저기 뭐야 어슬렁거리고 12시 전에 온다 하더라도 벌써 시간은 뭐하다가 말하다가 하다보면 2~3시… 그 이제

하다가 한 점 궁리할, 가만히 누워 있다가 갑자기 울화통이 터지면 갑자기 자기가 돌입하는 거야, 시작하는 거야.

상담사 42: 스스로 충동이 올라오면 자제를 못하고 가족들을 대상으로 특히 영희 씨를 대상으로 분노를 표출한다는 거죠?

어머니 42: 그렇죠.

상담사 43: 예.

어머니 43: 그래 가지고 내가 또 인제 오늘 저녁에 또 무슨 일이 있을 거다. 그거 생각을 하고 있죠. 술만 먹으면 그러니까 내가 전화로 항상 사전에 연락을 해요. 요새는 내가 먼저 전화를 해요. 어디 있냐 빨리 들어오든지 어떻게 하라고

상담사 44: 전에는 영희 씨 한테 전화했는데, 이젠 영희 씨가 남편한테 거꾸로 이야기를 하네요.

어머니 44: 으응. 그래야지만이 이 상태가 그, 그때는 이제 술이 들어가기는 들어갔어도 그렇게 취할 정도는 아니지, 벌써 12시가 넘거나 그렇게 되면 이제 골치 아파. 아, 오늘 저녁에도 사건이 벌어지겠구나, 알잖아요. 한두 번이 아니기 때문에 아이고 골치 아파요. 그래가지고 내가 그때 화요일 날 내가 저번 주에 화요일 날 맞았잖아요. 어 그래가지고 내가 월요일 날은 못 갔어요. 저기 구청에 계신 조진실(가명) 선생님을 못 만났고 월요일 날은 못 만났고 화요일 날 화요일 날인가 그죠. 반장님 그때 자리가 안 계셨기 때문에 내가 비울 수가 없었어, 한 발짝도 못나가

고 그 다음에 오셨기에 내가 여차 해가지고 내가 조진실
선생님, 일 한번 갔다가 거기 좀 들렀다가 상담 좀 받고
와야겠다. 해가지고 갔다가 온 거에요. 그래서 26일 날
있잖아요. 26일 날 그 변호사선생님이 일터로 오시나 봐
요. 반장님한테는 말씀드렸죠. 저기 뭐야 26일 날 2시 월
요일 날이네요. 그날 어떻게 하동이는 어떡할까요. 저기
26일 날 2시 15분 만나기로 했어요.

상담사 45: 2시 15분?

어머니 45: 예약하라고.

상담사 46: 예약을 하셨네요. 하동이는 다음 주 화요일 날 오후 2
시로 하면 괜찮을까요. 방학은 했죠, 이제.

어머니 46: 방학 안했어요.

상담사 47: 다음 주에는 방학을 하나요.

어머니 47: 그렇죠, 그렇게 될 거예요.

상담사 48: 24일, 23일까지 학교 나가고 그 주부터는 이제 방학이
되죠? 그래서 2시에 나와도 될까 모르겠어요. 하동이가?

어머니 48: 2시 하는 것보다도 지가 일어날 수만 있으면 차라리 아
침에 했으면.

상담사 49: 아침에 상담을 했으면요?

어머니 49: 예, 나랑 같이 오는 게.

상담사 50: 그러면 함께 상담을 하는 게 나을까요. 앞으로 하동이
를 몇 번 더 상담을 해야 할 거 같은데, 영희 씨도 따로
몇 번 상담을 하고 나서 함께 상담할 때가 됐다고 판단

이 되면 함께 모여서 상담을 할 거에요. 아직까지는 함께 상담하기에는 조금 더 시간이 필요로 하는 거 같아요. 그래서 하동이 따로 상담을 하고, 영희 씨 따로 상담을 하고 그런 시간이 몇 번 더 필요로 한 거 같아요. 적어도 하동이 같은 경우는 다섯 번 정도는 따로 상담을 하고, 그 다음에 같이 모여서 상담을 해야 될 거에요.

어머니 50: 그러면요. 하동이가 이제 오는 날이 있을 거 아니에요. 여지까지 한 달 가량 못 만나셨잖아요. 그럼 만나 가지고 아침에 또 어떻게 했냐, 아니면 그게 일어나기 힘들면 그때 하동이한테… 나는 괜찮으니까 하동이 시간으로 지가 이제 또 응답하면 참석할 수 있으니까….

상담사 51: 그러면 하동이를 아침에 일어나기가 좀 힘들다고 하니까, 영희 씨 끝난 다음에 바로 이어서 11시에 상담을 하면 어떨까요?

어머니 51: 그거를 이제 내가 또 데리고 와야지 될까요. 아니면…?

상담사 52: 이제 자발적으로 오게끔 해야 되요. 데리고 오는 거보다도 스스로….

어머니 52: 아, 스스로.

상담사 53: 스스로 책임감을 부여하는 것이 중요해요.

어머니 53: 그러면은 스스로가 오기를 원하면, 전화해가지고 이게 또 맘대로 그게 또 안 되네 애가….

상담사 54: 그것 역시 아이 스스로 할 수 있도록….

어머니 54: 아, 그러면은 일단은 하동이한테 물어본 다음에.

상담사 55: 다음 주 방학이 될 거 같으면 9시 30분에 하는 게 좋은
지, 11시에 하는 게 좋은지, 다음 주 화요일 날 상담하는
것에 대해서 물어보세요. 그래서 영희 씨 하고 시간을
좀 바꿀 수도 있고, 하지만 영희 씨 하고 하동이하고 따
로 따로 상담이 들어가야 해요. 같이 상담하기에는 아직
조금 빠르다는 생각이 들어요. 하동이에 대해서 조금 더
상담이 필요하니까요. 다음 주에는 하동이에게 방학을
했나 안 했나 물어보시고, 방학을 했다고 하면 화요일 날
9시 30분에 상담하면 어떤지 물어보세요. 좀 빠를 것 같
다고 하면 영희 씨가 9시 30분에 그대로 하고, 하동이를
11시에 하는 걸로 해요. 그러나 하동이 스스로 오게 합
니다. 이해 되셨죠?

어머니 55: 예.

상담사 56: 하동이가 지금 많이 힘들 거예요. 하지만 스스로 열심
히 다른 아이들처럼 살아보려고 많은 노력을 하고 있어
요. 그 뒤로 다양한 많은 일들이 일어났으리라고 생각을
해요. 지난주 월요일과 화요일에 일이 있은 다음에 그 뒤
로 애 아빠가 술 먹고 그런 적이 있나요?

어머니 56: 저한테 이제 뭐라고 하겠죠. 애한테는 이제 뭐라 안 하
는데.

상담사 57: 월요일하고 화요일 그 뒤로 또?

어머니 57: 예, 저한테 그랬어요.

상담사 58: 그러면 언제, 언제 그랬다는 건가요?

어머니 58: 기회… 계속이어서….

상담사 59: 계속 매일같이 그랬다는 건가요?

어머니 59: 예, 그렇죠. 그 한 주간은 굉장히 힘들었어요.

상담사 60: 지난주에 많이 힘들었네요.

어머니 60: 상담 받고도 내가 힘들은 거야, 계속적으로….

상담사 61: 그러면 아이들은 그때 잠을 자고 있었을 텐데….

어머니 61: 그렇죠. 잠자고… 그래도 음성을 높이거나 그러면 깨죠.

상담사 62: 그렇죠.

어머니 62: 하동이가 고거 바로 앞에 있고.

상담사 63: 방을 각방을 쓰나요. 안 그러면 한방에서 같이 지내나요.

어머니 63: 아니요. 각방을 쓰는데요. 이제 애들 방이 또 따로 있어
　　　　　요. 있는데 하동이는 무서우니까, 무섬끼가 있어가지고
　　　　　항상 나하고 자려고 해요.

상담사 64: 그러면 하동이는 엄마 옆에서 자고, 영희 씨 옆에 남편
　　　　　이 누워서.

어머니 64: 아니요. 하동이하고 아빠하고 같이 누워있죠.

상담사 65: 하동이하고 아빠하고 같이 누워있고, 그리고 영희 씨는
　　　　　그 옆에 누워있는 건가요.

어머니 65: 하동이 옆에 누워있죠.

상담사 66: 하동이가 가운데 있고 그러면 다른 방에는 둘째 아이가
　　　　　자고 있네요.

어머니 66: 예, 그죠.

상담사 67: 그러면 지금 하동이가 초등학교 6학년이잖아요. 초등학교

6학년인데, 엄마 아빠 사이에 잠을 자고 있다는 거예요?

어머니 67: 아뇨, 요새 잔지는 얼마 안됐어요.

상담사 68: 잔지는 얼마 안됐어요?

어머니 68: 예, 얼마 안됐어요. 걔가 원래부터 거기서 자는 게 아니고 형하고 잤었는데, 지가 이제는 하도 아빠가 그러니까 지가 이제….

상담사 69: 아, 엄마를 보호한다고, 엄마한테 또 나쁜 행동을 하면 하동이가 보호 해준다고 가운데서 자는 거네요.

어머니 69: 예, 인제 고런 마음에서 거기서 얘들 방은 좀 차가워요. 내가 요즈막에는 좀 차가워 가지고 보일러 땐다고 해도 그렇게 우리 집은 그렇게 따뜻한 집이 아니어서 그래서 그런 게 있어가지고, 내가 물을 따뜻하게 해가지고 저기 뭐야, 의료 그거 있잖아요. 고무로 된 거, 물 집어넣으면 따뜻해지는 거, 이불이 따뜻해지면은 흐름 끼가 있어가지고 애 발치에다가 좀 해주면 그게 온기가 있어가지고 좀 따뜻해져요.

상담사 70: 하동이가 지금 엄마 아빠 사이에 잠을 자고 있어요. 이제는 하동이 보고 엄마 아빠 사이에 자지 말고 편안하게 너의 방에서 자라고 하세요. 그리고 하동이가 지금까지 힘들어 왔지만, 앞으로도 이런 점을 개선시키지 않는 다면 많이 힘이 들 거예요. 그리고 하나하나 지금까지 어려웠던 점을 개선해 나가야 하지 않을까요. 여기에 대해서 애 아빠하고 이야기를 안 해보았네요?

어머니 70: 무슨 얘기?

상담사 71: 남편분이 계속 두세 시에 힘들게 하니까 아이들도 잠을 잘 못자고, 그래서 술 먹는걸 자제하라든지 그런 이야기를 계속하고 있나요?

어머니 71: 제가 그런 말을 늘 하고 있는데, 좀 그래서 요즈막에는 나갈 생각을 안 해, 안 하는데 누구한테서 자꾸 전화가 와요. 나와라 술 먹자 그래서 내가 그랬어요. 그렇게 그런 식으로 하면 또 와서 그러려고 그러냐고, 이거 도대체가 늘 반복해서 한다면 아이들 문제가 어떻게 되겠냐, 나도 얼마 안 있으면 세상 떠날 텐데, 어저께 내가 들어보니까 북한에 있는 그분이 가셨다고 하더라고요. 나한테 마찬가지야 무슨 일이든 간에 사람이라는 게 좋은 일이 있으면 괜찮은데, 우리 집안이 그 집안하고 하나 틀린 게 없잖아요. 그래서 내가 저분도 부인을 많이 거느렸잖아요. 네 명이나 요즘 세상에 한명 거느리기도 이렇게 힘든데, 네 명이나 거느렸으니 얼마나 마음속에 우리 집안하고 똑같다고 내가 그랬어요. 한탄했어요. 아침에 "우와 대단한 집안이구만" 내가 그러면서 우리 애기 아빠한테 얘기를 하는 거야, 거기 얘기를 하는 게 아니라 대단한 집안이야 그러면서, 나도 언젠가 아니면 내가 아빠보다도 더 먼저 갈 수도 있다. 이런 거 봐서는 우리 집안에서 애기 아빠 집안에서 이런 일이 있으면 난리가 나요. 그래서 내가 지금 아직 발걸음도 안 했는데 암만해도 내가 한번은 그 집안의 어머니한테 간다는 것보다도 그러니까 애기 아빠가 여기를 이렇게 해놨잖아요. 설이 얼마 안 남았어요. 얼씬도 못하게 그런 말을 했는데 나도 애들을 다 거느려야지 되는데 이제 아빠보다도 내가 빨리 갈수도 있고 사람일은 모르잖아요. 내가 아빠한테 이야기 했어요. 모른다. 내가 더 빨리 갈지 똥 뭐 질질 싸는 거 그런 걸 봤죠. 자기도 그럴 거라고 그러는 거예요. 허이구 내가 그 안에 갈지 그럼 애들한테 그렇게 할지 그건 모르는 일이 아니에요. 애들한테 고통을 줄지 근데 애들한테 그 딴 식으로 해가지고 애들한테 밥을 얻어먹겠다고 하는 거냐고, 내가 그랬어요. 이거는 타당한 일이 아니다. 이거는 이런 식으로 했다가는 애들한테 눈에 띄어 가지고 버리지 않는 것만 해도 천만 다행이라고, 내가 요즘 현대에 살아가면서 몰라, 애네들은 부모한테 어떻게 할지는 모르나, 우리 이렇게 해가지고는 애들한테 갖다 버리지 않는 것만 해도 천만다행이다 이렇게 이야기 했어요.

상담사 72: 그와 같이 영희 씨가 남편 분한테 그런 이야기를 지속적으로 이제 자주 하면서 현실의 어려움에 대해서 아이들이 어떠한 영향을 미치나 그런 것을 자꾸 이야기를 해줘야 돼요. 그러면서 가능하면 저녁에 잘 때에는 편안하게 잘 수 있도록 해주어야 해요. 그래야지 원하는 시간에 아이들이 일어날 수 있어요. 밤새 불안에 떨면서 자게 되면 잠을 잔거 같지도 않고 또 밖에 나와서 활동을 하는 것도 어려워요. 잠을 못자면 그렇잖아요. 아이 역시 똑같아요. 아이는 학교에 가서 공부해야 하는데 졸리니까 힘이 드니까, 그리고 집안에서 항상 어려운 일이 벌어지니까, 애들이 감당하기엔 너무 커요. 두세 시쯤 엄마를 두들겨 패고 욕을 해대면서 그런 것을 아이들이 자는 척하지만 다 듣고 있어요. 이런 일은 일반적 가정에서는 거의 상상도 할 수가 없는 상황이에요. 보통 11시 넘으면 잠을 잘 준비를 하거나 잠을 자요. 그리고 아침에 일찍 일어나서 하루 일과를 준비하고, 학교 갈 애들은 학교 가고, 직장 나갈 사람은 직장 나가고, 그것이 일반적인 삶이에요. 하지만 영희 씨 가정을 들여다보면 남편 분은 일도 안 나가고 아침부터 저녁까지 집에 있으면서 술 먹으러 저녁때 나갔다가 밤늦게 들어와서 영희 씨에게 못된 소리도 하고 두들겨도 패고 그런다는 거예요. 아이들이 너무 위험한 상황에 노출되어 있어요. 이제는 그렇게 하는 것을 막는 방법을 찾아야 해요. 그러지 않고는 영희 씨도 지난번에 이야기 했지만 이런 상태로 10년 지났다고 생각을 해보세요. 상상하기 힘든 어려운 일들이 생길 거예요. 지금처럼 하동이가 엄마를 두들겨 패고, 동네 사람들한테 욕을 하고, 자기 앞가림 못하고, 학교 늦게 가고 그리고 영희 씨는 영희 씨 나름대로 마음 아파하면서 살아갈 것이고, 남편 분은 남편분대로 계속 술 먹고, 주정하고 힘든 과정을 보낼 거예요. 중동이는 또 중동이

나름대로 또 겉으로 표현은 못하지만 속에 쌓인 것을 계속 갖고 있으니 얼마나 힘들겠어요. 그래서 지금 하고 있는 방법보다는 새로운 방법을 찾으셔야 돼요. 새로운 방법을 찾으려면 영희 씨 입장에서 어떻게 하면 좀 더 새로운 방법을 찾을 수 있을까, 그것을 생각을 해 보세요. 여기서 상담을 마치도록 할게요.

어머니 72: 감사합니다.

상담사는 치료적 상호작용의 가장 깊은 수준에서 내담자의 병리적 갈등을 일시적으로 합입하고 그것을 의식수준 뿐만아니라 무의식의 심리내부 수준과 고착된 미해결과제까지 다루어야 한다. 그리고 상담과정에서 지지, 격려, 공감은 내담자로 하여금 존중과 관심 그리고 염려 받고 있다는 느낌을 갖게 하며, 심리적으로 의존하게 된다. 이를 통하여 상담사는 심리적으로 안아주고 지지해주며, 치료를 위한 탐색과 통찰유도를 한다.

아무리 나쁜 남편이라도 없는 것 보다 낫기에 나쁜 남편과 이혼하려고 하면 무의식에 잠재하고 있는 유기불안이 자극되어 자신도 모르게 좋은 남편을 기억하게 되면서 이 유기불안을 다스리려한다. 가정폭력 피해여성은 이 분열적 방어와 더불어 남편의 나쁜 부분이 마치 자신의 잘못 때문에 나타난다고 여기는 도덕적 방어까지 활성화되어 폭력가해 남편과의 관계를 끝까지 유지하려한다. 내담자는 반복되는 병리적인 역기능 삶에서 벗어나고자 하였으나, 자신의 의지로는 어찌할 수 없다고 하소연하고 있다. 따라서 현재의 삶에서 벗어나고자 하려면 지금까지 사용하던 방법보다 새로운 방법과 환경을 재구조화하여야한다. 이를 통해 역기능적인 개인 내적 역동에 대한 통찰을 얻고 자아기능을 강화하여 가족구성원과의 온전한 관계를 형성하여야 한다. 따라서 내담자의 입장에서 어떻게 해야 순기능적으로 변화가 될지 생각해 보라고 하였다.

3. 상담 결과

1) 대상중심 가족치료기법별 상담 효과

상담 기법에 대한 내담자와 아들의 반응에서 변화를 발견하였고 이를 시각화하여 표1에 제시하였다(임향빈, 2014: 123).

〈표1〉 대상중심 가족치료기법별 상담 효과

치료기법	상담 효과
지지적 치료기법	• 내담자의 세계관과 경험을 그의 입장에서 조명하고 가족구성원들과 관계형성을 통하여 긍정적 사고를 갖게 하였다. • 심리적 공황의 어려움에 처해있는 내담자를 상담을 통하여 심리·정신적으로 안정을 찾을 수 있도록 도와주었다. • 상담의 안전함과 신뢰를 바탕으로 내담자의 성격에 변화를 줄 수 있는 가능성을 갖게 하였고, 합리적으로 변화된 자신을 인정하며 수용할 수 있게 하였다. • 아들에게 칭찬과 격려, 지지 등을 통하여 피드백과 코칭(coaching)을 하였으며, 이를 통하여 일탈행동이 멈추게 되었다.
탐험적 치료기법	• 자유연상으로 내담자의 무의식 속에 자리 잡고 있는 혼란한 정신역동세계를 조망하고 미해결과제를 다루었으며, 그 결과 내담자는 강박증, 조울증, 해리증상 등 정신적 어려움의 증상들이 호전되었으며, 심리적 공황에서 벗어나게 되었다. • 상담과정을 통하여 내담자의 분열된 자아의 심리적 요인을 파악하고, 고착된 문제를 표출시켜 합리화와 저항의 과정을 겪게 하였다. 이를 전이 속에 나타나도록 활성화시키고 훈습화 과정을 통하여 자아의 동조를 재정립시켜 대상 항구성에 의한 자기표상을 정립하게 되었다. • 아들에게 상담의 신뢰를 갖게 하여 관계형성(rapport)을 하였으며, 아들의 입장에서 바라보는 가족 내 문제를 탐색하여 갈등요인을 파악하였다. 이를 통하여 아들의 인지재구조화와 생활의 변화를 가져오게 하였다.

<table>
<tr>
<td rowspan="3">표현적
치료기법</td>
<td>● 무의식에 잠재하여 표출되지 않은 문제점을 의식으로 활성화시켜 노출시켰으며, 명료화와 해석을 위주로 전이탐색에 초점을 맞추었다. 이를 통하여 내담자는 현실대처 기능이 강화되었다.</td>
</tr>
<tr>
<td>● 경청과 지지, 공감 등을 통하여 상담사가 안아주는 좋은 대상의 역할을 함으로써 내담자는 분열된 대상표상과 자기표상의 통합으로 가족구성원에 대한 부정적 투사가 나타나지 않게 되었다. 이를 통해 주체성을 갖고 가족구성원에게 지나치게 매달리는 의존도가 낮아지게 되었다.</td>
</tr>
<tr>
<td>● 내담자는 자아존중감의 향상과 삶의 자신감을 갖게 되었으며, 합리적 대처능력을 갖추게 되었다. 또한 가족구성원과의 원만한 의사소통을 하게 되었으며, 양육자로서의 기능이 강화되면서 아들의 성격에 변화가 나타났다. 아들은 어른에게 대들지 않고 스스로 자기 일을 하게 되었다.</td>
</tr>
</table>

2) MMPI-2 주의 사항 및 변화 비교표

(1) MMPI (Minnesota Multiphasic Personality Inventory)

MMPI는 미네소타 다면적 인성검사로써 1943년 미국 미네소타 대학의 Starke Hathaway와 Jovian Mckinley에 의해 발표되었다. 그 후 진단적 도구로써 인정되었고, 현재 세계적으로 가장 널리 사용되고 광범위한 연구가 이루어진 구조화된 성격검사이다. MMPI는 정신질환자들을 평가하고 진단함에 있어서 보다 효율적이고 신뢰할 수 있는 심리검사를 개발하려는 목적으로 제작된 검사이다. 따라서 MMPI는 정신과적 진단분류가 일차적인 목적이며, 일반적 성격특성을 측정하기 위한 것은 아니다. 그러나 정상적인 성격 경향성과 정신병리에 대한 평가뿐 아니라 임상집단과 정상인 집단 모두에 대해서 성격 경향성을 평가하는 객관적 검사로 보편적으로 사용되고 있다.

(2) MMPI-2 주의 사항

MMPI-2를 실시할 때 내담자가 외부요인으로부터 방해받지 않고 검사에 집중할 수 있도록 상담실에서 상담사가 동석한 가운데 실시되었다. 상담사는 진지하고 성실한 태도로 검사의 목적과 결과의 비밀보장 그리고 검사결과가 안전하게 다루어지는 것에 관하여 설명하였고, 답안지 수거 전에 완성된 답안지를 전체적으로 검토하였다. 이와 함께 검사에 대한 지시는 질문지 문항을 읽고 그 문항이 내담자를 잘 나타내거나 생각이 같으면 '그렇다'에 해당하는 칸에 빗금 표시를 하고 그렇지 않으면 '아니다'에 해당하는 칸에 빗금표시를 하도록 하였다. 이는 상담 초기와 상담 후 검사에 동일하게 적용하였으며, 검사결과가 외부 요인으로부터 영향과 오염을 받지 않도록 노력하였다. 특히 검사의 신뢰도와 공정성을 위하여 상담 종결 2주 후에 심리검사를 하였다(임향빈, 2014: 123-124).

(3) 상담 초와 상담 후 MMPI-2 변화 비교표

임상척도는 T점수가 65이상으로 상승되는 높은 척도와 지나치게 낮은 척도들에 대해서 해석을 하며 단일 척도 점수보다는 척도들의 형태를 분석하는 것이 일반적이다. T점수가 30에서 65사이에 있을 경우 정상범위로 보고 이러한 프로파일에 대해서는 특별한 해석을 하지 않는 것이 통례이다(임향빈, 2014: 124).

<표2> 상담 초와 상담 후 MMPI-2 변화 비교표

구 분	1.Hs	2.D	3.Hy	4.Pd	5.Mf	6.Pa	7.Pt	8.Sc	9.Ma	0.Si
상담 초	50	54	64	61	44	75	87	81	93	57
상담 후	58	50	58	61	37	75	59	74	66	54
변 화	+8	-4	-6	0	-7	0	-28	-7	-27	-3

임상척도는 1번 척도(Hs: 건강염려증), 2번 척도(D: 우울증), 3번 척도(Hy: 히스테리), 4번 척도(Pd: 반사회성), 5번 척도(Mf: 남성성-여성성), 6번 척도(Pa: 편집증), 7번 척도(Pt: 강박증), 8번 척도(Sc: 정신분열증), 9번 척도(Ma: 경조증), 0번 척도(Si: 내향성)로 구분된다. T점수가 65이상에서 상담 초와 상담 후의 변화가 나타난 척도는 7번, 8번, 9번이다. 7번 척도는 강박적 행동을 측정하는 것 외에 자기비판, 자기감의 저하, 주의집중 곤란, 우유부단 및 죄책감 등을 측정한다. 이 척도가 높으면 불안, 긴장, 초조, 주의집중 등에 어려움과 자신에 대해 회의감이 많고 자신감이 부족하다. 척도 8이 같이 상승할 경우 사고장애가 동반된다(최정윤, 2010: 86). 척도 8의 내용영역은 기이한 정신상태, 지각의 기묘함, 피해망상, 환각과 같은 정신병적 증상과 사회적 소외, 가족관계 문제, 성적인 문제, 충동장애 등을 다루고 있다. 이 척도는 높을수록 정신적으로 혼란되어 있음을 반영한다. T점수 70점 이상으로 상승되었을 때 사고와 의사소통에 곤란이 있고 사고장애를 가지고 있을 수 있다(김중술 외, 2005: 47). 척도 9가 높은 사람의 세 가지 주요특징은 과잉활동성, 정서적 흥

분성, 사고의 비약이다. 비현실적이고 근거 없는 낙관성을 가지며, 자기 자신의 가치나 중요성을 과대평가한다. 충동통제력에 어려움이 있으며 주기적으로 초조감, 적개심, 공격적 충동의 폭발을 보인다. 주로 사용하는 방어기제는 부인과 행동화이다. 9번 척도는 80 이상으로 상승되면 조증 증상을 보인다(최정윤, 2010: 90; 김중술 외, 2005: 48). 상담 초와 상담 후의 임상척도 변화는 다음과 같다. 7번 척도는 상담 초 87에서 상담 후 59로, 8번 척도는 81에서 74로, 9번 척도는 93에서 66으로 낮아졌다(임향빈, 2014: 125).

4. 상담에 대한 논의 및 의의

1) 논의

집에서 쌓인 먼지를 밖에서 털어버리기 때문에 사회가 오염된다. 인간은 관계 속에서 태어나고 성장하며, 다양한 경험을 한다. 아기의 최초의 경험은 시멘트를 막 발라놓은 것처럼 예민하다. 시멘트가 마르면 자국이 나지 않지만 처음 바를 때 누르면 영원히 자국이 남는다. 사람과의 관계 역시 마찬가지로 처음 만나는 사람과 원만한 의사소통으로 관계형성이 잘되면 서로의 만남으로 인하여 성장하지만 그러나 관계형성에 어려움이 있다면 서로의 마음에 상처를 남겨 그 후유증은 상대에 따라 오래 남게 된다.

상담이란 내담자의 굽은 곳을 상담사가 따라가면서 곧게 펴주는 것이며, 상담의 효과는 콩나물시루에 콩나물 기르듯이 일정 시간 물을 주다보면 콩나물이 커지듯이 내담자의 긍정적 변화를 가져오는 것이다. 이는 마치 모래시계에 모래가 한 알 한 알 떨어져 일정 시간이 되면 뒤집히는 것과 같다. 따라서 몸에 이상이 생기면 병원에 가서 의사의 치료를 받듯이, 심리·정신적으로 어려움이 생기면 상담사를 찾아가 치유 받아야 한다.

상담은 오랜 세월동안 상담과 관련된 인간 심리와 그 심리가 어떻게 발달해 왔는가에 대한 정확한 내용을 알 수 있는 이론을 배워야 하고 그 이론을 적용할 수 있는 상담에 대한 기술적인 공부를 지도자와 함께 해야 한다. 이러한 과정은 최소한 4년 이상 상담 기술을 연마한 이후 상담에 임하여야 한다(임종렬, 2002: 56). 이와 같이 상담의 기술과 기법은 단기간에 습득되는 것이 아니며, 여러 해의 기간이 걸린다. 그러나 경험이 없는 상담사라 할지라도 지도 슈퍼바이저 밑에서 체계적인 지도 감독을 받는다면 경험이 많은 유능한 상담사가 상담을 하는 것과 같은 수준 높은 상담을 할 수 있다. 대다수 경험이 부족한 상담사는 다양한 이론과 기법 중 특정 이론을 선택하여 수련한다. 그러나 임상경험과 수련을 많이 할수록 이론과 이론들 간의 관계를 알 수 있게 되고, 하나의 이론이 활용되기까지 그 주위에 수많은 이론과 기법들이 연관되어 있음을 인식하게 된다. 이는 씨실과 날실이 엮어져 아름다운 천을 만들어 내듯이 일정한 수련과정을 거쳐 자신의 스타일과 이론을 정립하여 숙련된 상담사가 된다.

심리상담은 과학이고 예술이다. 이는 이론과 기법 그리고 이들을 활용하는 상담사의 정성이 들어가 치료라는 작품을 만들어 낸다. 상담에 있어 이론에 강하고 그 이론을 적용하는 기법이 능숙하다고 할지라도 이를 적용하는 상담사의 정성이 결여되어 있다면 그 상담은 상담 도중에 탈락하는 결과를 초래하거나 끝까지 상담을 끌고 나간다고 하더라도 만족할만한 결과를 도출해내지 못하는 것이 일반적이다. 임상상담 장면에서 어떠한 상담기법과 이론을 적용하든 간에 상담 전에 상담사는 근본적으로 갖추어야 할 이론적 배경과 이를 적용할 줄 아는 방법론적 근거가 필요하다. 심리상담은 내담자의 무의식에 고착된 미해결과제를 치유하여 심리·정신적으로 평안과 그가 사는 사회에서 원만한 삶을 살아가도록 하는데 있다. 이와 함께 내담자가 가지고 있는 심리·정신적 문제나 불편함을 극복할 수 있도록 돕는 것이다.

필자는 2부 사례에서 대상중심이론에 의한 대상중심 가족치료를 주 기법으로 활용하고 절충적 방법으로 정신분석이론, 대상관계이론, 인지행동치료, 해결중심 가족치료, 심리검사 등 다양한 방법과 기법을 활용하였다. 이와 함께 필자는 가족 내 문제가 생기면 양육자(어머니)를 우선시해 상담해야 한다는 대상중심이론과 가족치료 기법에 따라 어머니를 중심으로 상담하였으며, 사례를 통하여 임상현장에서의 상담방법 활성화와 활용성을 제시하고자 하였다. 즉 대상(어머니)을 중심으로 해서 병리적 변수가 분포되어 있고 대상과의 심리적 거리에 따라 증상의 경중이 결정되기 때문에 대상을 치료효과의 중심인물로 하고 증상에 근거한 아들의 치료를 위한 효율성을 도출하려 하였다. 상담의 구체적 방법으로는 투사적 전이를 해석하여 병리의 소인을 밝혀주고 자아의 동조를 유도하는 지지적, 탐험적 치료기법을 활용하였다.

초기상담은 어머니와 개별상담을 하였으며, 지지, 경청, 공감 등의 기법을 활용하여 관계형성과 치료를 위한 동맹을 하였다. 이를 계기로 사정을 위한 탐색과 문제증상에 관한 해석 그리고 통찰유도를 하였다. 그 결과 어머니의 경계선 성격장애가 경감되어 양육자로서의 기능이 강화되었으며, 어머니와 아들의 분리상담이 시작되었다. 분리상담에서는 어머니가 기대하며 바라보는 아들의 이미지와 아들이 바라보는 어머니 이미지의 모습에서 서로가 자신이 알고 있는 방법으로 사랑하고 있음을 알 수 있었다. 어머니는 성장기에 겪었던 분리불안과 유기불안이 무의식에 자리 잡아 자신도 모르게 아들과 가족구성원들에게 투사하고 있었으며, 자신이 이루지 못한 꿈을 아들로 하여금 행하도록 하여 대리만족을 하는 강한 욕구를 갖고 있었다. 아들은 아들대로 가정에서 받아야 하는 일차적 교육인 기초적 인성교육의 부족과 경계선 성향인 부모의 관계에서 훈습된 역기능적 행동을 표출하게 되었으며, 장기간 부의 가정폭력에서 생존하기 위한 방어기제를 활성화시키고 있었다. 따라서 어머니에게는 기존의 생활방식에서 벗어나 가족구성원들과 함께 더불어 살아가는 사고전환에 관하여 피드백 하였으며, 아들에게는 기초적 인성교육과 가족구성원의 중요성 그리고 꿈과 희망에 관하여 코칭과 피드백을 하였다. 이를 통하여 어머니와 아들은 서로를 돌아보고 이해하는 계기를 가져오게 되었다. 이후 어머니와 아들이 참석한 합동상담에서는 통찰력 위주의 표현적 치료기법 등을 사용하였다. 명료화와 해석, 전이탐색, 구조화 등을 통하여 현실을 직시하게 되었으며, 가족구성원 간의 관계형성, 수용, 삶의 자신감, 합리적 사고 등으로 역기능적 사고에서 순기능으로 변화가 되었음을 알 수 있었다. 가족구성원은 어머니(아내)에게 매달리지 않고 스스로 자기 일을 할 수 있게 되었다. 어머니의 개별화는 가족구성원에게 자율성을 부여하는 여유를 갖게 하였으며, 가족구성원 역시 개별화되어 서로에게 매달리지 않게 되었다. 또한 어머니(아내)는 자아존중감 향상과 합리적 대처능력을 갖추게 되었고 그 결과 30회 약 6개월의 단기간 내에 상담을 종료할 수 있게 되었다.

2) 의의

본 사례에서는 가족갈등 문제가 있을 때 어머니(아내)를 상담함으로써 가족구성원의 변화를 이끌어 내는 것이 가능하며, 효과성을 도출할 수 있었다. 가정 내 분위기를 좌우하는 어머니의 변화는 나머지 가족구성원들에게 영향을 미칠 수 있다는 체계론적 관점에 입각해 볼 때 어머니를 위한 가족상담 모델의 적용은 충분한 의미를 가지고 있을 수 있고, 실제로 상담을 통해 어머니가 변화하기 시작하였으며, 아들의 변화도 동시에 가져오게 되었음을 분석을 통해 알 수 있었다. 이와 함께 가족 내에서 어머니가 차지하는 심리적인 기제가 가족구성원과는 다르고 우리의 가족구조 및 사회구조 속에서 개인적인 문제를 공식적인 방법으로 해결하는 상담체계가 익숙하지 않은 상황에서 가족상담이 의뢰되었을 때 어떻게 효과적으로 상담을 진행할 수 있는가에 대한 사례를 제시해주고 있다.

더욱이 가족상담에서 어머니의 정신적인 분위기를 조절하는 치료적 개입이 중요하다(임종렬, 김순천, 2001: 60)는 것을 고려해 볼 때 가족관계 개선을 위한 어머니(아내)의 역할을 인지시키고 나아가 구체적인 행동으로 실행할 수 있을 때까지의 전 과정을 분석한 본 연구의 결과는 어머니를 대상으로 하는 가족상담의 자료로 충분히 활용할 수 있을 것으로 보인다. 또한 기존 상담이론이나 기법들은 외국 사람들이 만든 것으로서 그들이 만든 도구를 사용하는 것보다 우리의 정서와 환경에 맞는 이론과 도구의 필요성을 느끼게 되었다. 이에 따라 본 사례에서는 우리의 가족정서와 환경을 이해하여 만들어진 대상중심 가족치료를 활용하였으며, 이를 통하여 가족에 문제가 있을 때 아내를 상담함으로써 가족구성원의 변화를 이끌어 내는 것이 가능하며, 효과성을 도출할 수 있었다(임향빈, 2014: 126-127). 따라서 대상중심 가족치료가 효과적이라는 것을 실증한 본 사례의 상담방법이 널리 활용되어 우리나라의 가족치료 발전에 이바지하였으면 좋겠다.

참고문헌

- 권육상 (2003). 『정신건강론』. 서울: 유풍출판사.

- 권육상 (2006). 『인간행동과 사회환경』. 서울: 유풍출판사.

- 김용태 (2009). 『가족치료 이론』. 서울: 학지사.

- 김유숙 (2005). 『가족치료 이론과 실제』. 서울: 학지사.

- 김중술, 한경희, 임지영, 이정흠, 민병배, 문경주 (2005). 『MMPI-2 다면적 인성검사 II 매뉴얼』. 서울: 마음사랑.

- 김춘경, 이수연, 최웅용 (2010). 『청소년상담』. 서울: 학지사.

- 김환, 이장호 (2009). 『상담면접의 기초』. 서울: 학지사.

- 노안영, 송현종 (2007). 『상담의 원리와 기술』. 서울: 학지사.

- 문일경 (2010). 'Ken Wilber의 Integral Life Practice 수련 경험에 관한 현상학적 연구'. 서울불교대학원대학교 박사학위논문.

- 성승연 (2006). '상담 장면에서의 탈동일시 현상'. 가톨릭대학교 대학원 박사학위 논문.

- 송성자 (2005). 『가족과 가족치료』. 파주: 법문사.

- 신경희, 조상윤 (2013). 『스트레스의 통합치유』. 서울: 영림미디어.

- 원호택 공저 (2003). 『심리장애의 인지행동적 접근』. 서울: 교육과학사.

- 이동식 (2009). 『도정신치료 입문: 프로이트와 융을 넘어서』. 서울: 한강수.

- 이장호, 정남운, 조성호 (2008). 『상담심리학의 기초』. 서울: 학지사.

- 임종렬 (2001). 『대상중심이론 가족상담』. 서울: 한국가족복지연구소.

- 임종렬, 김순천 (2001). 『대상중심 경계선 가족치료』. 서울: 한국가족복지연구소.

• 임종렬 (2002). 『모신』. 서울: 한국가족복지연구소.

• 임향빈 (2013). '빈곤여성가구주의 탈빈곤 체험에 관한 질적 연구: 자활 공동체 참여자 중심으로'. 한국불교상담학회지. 5(1), 65-91.

• 임향빈 (2014). '가족갈등 문제를 가진 빈곤여성가구주의 변화과정 연구: 대상중심 가족치료를 적용한 사례를 중심으로'. 한국가족치료학회지. 22(2), 97-130.

• 최정윤 (2010). 『심리검사의 이해』. 서울: 시그마프레스.

• Alexander, F. & French, T. M. (1946). 『Psychoanalytic Therapy: Principles and application』. New York: Ronald Press.

• American Psychiatric Association (1995). '정신장애의 진단 및 통계편람' 제4판. 이근후(대표 역). 서울: 하나의학사(Diagnostic and statistical manual of mental disorders(4th ed.). Author, Washington DC, 1994).

• Corey, G., Corey, M. & Callanan, P. (2008). 『상담 및 심리치료 윤리』. 서경현, 정성진(역). 서울: 시그마프레스(Issues and Ethics in the Helping Professions. CA: Brooks/Cole, 2007).

• Elliott, R. Watson, J. Goldman, R. & Greenberg, L. (2005). 『Learning Emotion-Focused Therapy』. Washington, DC: American Psychological Association.

• Garfield, S. L. (2006). 『단기심리치료』. 권석만, 김정욱, 문형춘, 신희천(역). 서울: 학지사(The practice of brief psychotherapy. New York: Wiley, 1998).

• Gottman, J. & Driver, J. (2005). 'Dysfunctional marital conflict and everyday marital interaction'. Journal of Divorce & Remarriage, 43, 63-78.

• Herman, J. L. (1992). 『Trauma and recovery』. New York: Basic Books.

- Mann, J. (1993). 『12회 면담 한시적 정신치료』. 박영숙, 이근후(역) 서울: 하나의학사(Time-Limited Psychotherapy, Cambridge. MA: Harvard University Press, 1973).

- Meier, S. T. & Davis, S. R. (2004). 『상담의 기본요소』. 노안영(역). 서울: 중앙적성출판사(The Elements of Counseling(3rd ed.). CA: Brooks/Cole, 1997).

- Mitchell, S. A. & Margaret, J. B. (2002). 『프로이트 이후-현대정신분석학』. 이재훈, 이해리(역). 서울: 한국심리치료연구소(Freud and beyond : a history of modern psychoanalytic thought. HarperCollins Publishers, 1996).

- Nichols, M. P. & Schwartz, R. C. (1998). 『Family Therapy: Concepts and Methods, Fourth Edition』. Boston and London: Allyn and Bacon.

- Ogden, T. (1982). 『Projective identification and psychotherapeutic technique』. New York: Jason Aronson.

- Satir, V. (1988). 『The New People Making』. Mountain View: Science & Behavior Books.

- Saul, L. (1971). 『Emotional Maturity, Third Edition』. Philadelphia: Lippincott.

- Saul, L. (1992). 『정신역동적 정신치료』. 이근후·최종진·박영숙(역). 서울: 하나의학사(Psychodynamically Based Psychotherapy. New York: Sciencc House, 1972).

- Selva, P. C. D. (2009). 『집중적 단기정신역동치료』. 김영란, 김준형, 백지연, 원희랑, 주혜명(역). 서울: 학지사(Intensive short-term dynamic psychotherapy. Stylus Pub Llc, 2004).

- Wachtel, P. (1993). 『Therapeutic communication』. New York: Basic Books.